나를 잃기 싫어서
영어 공부를
시작했다

나를 잃기 싫어서 영어 공부를 시작했다

영어 공부를 시작했다

작은 성취감으로 자존감을 높여주는
짬짬이 영어 공부법

이정민, 이윤경 지음

위즈덤하우스

간절한 마음으로 습관을 바꿀 때,
인생은 달라진다

'나를 잃기 싫어서 영어 공부를 시작했다.' 제목을 읽고 이건 내 얘긴 가 했어요. '영어 공부를 시작했다가 새로운 나를 찾았다'는 제 인생 의 스토리거든요. 1980년대 말 적성에 맞지 않는 공대를 다니며 우 울해하던 저는 영어 공부를 시작하며, 새로운 인생을 만납니다. 회화 책 한 권을 외운 덕에 외국인을 만났을 때 말문이 쉽게 트였고요. 영 어 소설을 많이 읽은 덕에 어휘력과 독해력이 쑥쑥 늘어 토익 고득점 도 어렵지 않았어요.

혼자 영어공부를 하며 자신감을 길렀고 그 덕분에 다양한 직업에 도전할 수 있었어요. 지금 저는 스무 살의 김민식은 상상도 못했던 삶을 살고 있고요. 영어 공부로 나를 업그레이드하고, 새로운 가능성의 세계를 발견한 덕분이죠. 말 그대로 영어 공부 덕에 새로운 나를 찾은 겁니다.

이 책의 저자는 미국 생활을 하면서 아이를 낳고 기르는데요. 육아에 지쳐 삶의 주체성을 잃어가던 시절, 문득 읽은 책에서 낙원을 발견합니다. 지친 몸과 마음을 영어 원서 읽기라는 취미로 달래고요. 영어 원서 읽기는 육아 짬짬이 꿀맛 같은 재미를 안겨줍니다.

많은 분들이 미국에서 살면 영어가 절로 느는 줄 아는데요. 꼭 그렇지는 않아요. 교환학생이나 어학연수를 다녀온 분들이 《영어책 한 권 외워봤니?》를 읽고 그래요. 영어 사용 환경에 노출되면 저절로 영어가 느는 줄 알았지만, 그렇지 않더라고. 한국에서도 영어 몰입 환경을 만들면, 미국 유학 못지않은 효과를 누릴 수 있어요. 수동적인 노출보다 더 중요한 건 능동적인 학습이거든요.

기초 회화를 외우고 머릿속에 영어 문장의 구조가 틀이 잡히면, 이제는 독해를 통해 영어의 폭과 깊이를 더해줘야 해요. 어차피 아는 단어만 들리고, 모르는 단어는 죽어도 안 들립니다. 어휘나 표현의 양을 늘려주는 가장 좋은 방법이 원서 읽기에요. 시간 대비 노출량으로 보면 책읽기가 최고지요.

18년간 미국에서 생활한 저자가 다시 영어 공부를 시작한다는 대목도 감동이지만, 책 속에 나오는 시터의 사연도 놀라웠어요. 이혼으로 경제적으로나 정신적으로 힘들었던 시절, 가족이 도서관을 찾으며 몸과 마음을 치유할 수 있었다고요. 그 덕에 책 읽는 습관도 기르고요. 인생은 언제 바뀔까요? 우리가 간절한 마음으로 습관을 바꿀 때, 인생은 바뀝니다. 미국에 사는 육아맘도 영어 원서를 읽으며 공부하잖아요? 영어 원서 읽기는 언제 어디서나 누구나 쉽게 할 수 있는 학습 방법입니다.

아이들에게 영어 공부하라고 채근하기보다, 그 좋은 영어 공부, 부모가 직접 했으면 좋겠어요. 억지로 시킨 공부가 아이를 행복하게 만들지는 모르겠어요. 하지만 스스로 공부하는 부모는 분명 더 행복해집니다. 20대 시절, 인생이 괴로워 재미난 영문소설에 빠져들었어요. 스티븐 킹, 시드니 셸던, 마이클 크라이튼을 읽다보니 어느새 영어의 고수가 되어 있더군요. 영어 원서 읽기, 독서라는 취미와 영어라는 특기를 둘 다 잡는 길입니다. 영어책을 읽으며 자신의 삶을 되찾은 저자의 경험처럼, 여러분의 인생을 바꿔놓을 즐거운 원서 읽기를 응원합니다.

_《영어책 한 권 외워봤니?》저자 김민식 PD

잃었던 나를 되찾아가는
작은 시작점

"아니, 이제 와서 다시 영어 공부를 한다고요? 왜요?"

처음 블로그에 자세한 설명 없이 '영어 공부를 시작하려고 하는데, 함께하시겠어요?' 라고 글을 올렸을 때 가장 많이 받은 질문이다. 출판사에서 출간 제안을 받고 기획안을 받아 남편과 함께 검토하는데, 남편이 갑자기 소리를 내어 웃었다. 그 웃음의 의미가 궁금해 이유를 물어보니 남편은 이렇게 말했다.

"미국에서 18년을 살아온 사람이 다시 영어 공부를 시작한다는 게 웃겨서 말이야."

아마도 그럴 것이다. 나라도 미국에서 꽤 오랜 시간을 살아온 누군가가 갑자기 영어 공부를 다시 하겠다고 말하면 분명 고개를 갸웃할 것이다. 이 질문에 답을 하려면 아이가 아주 어렸을 때, 너무나도 힘들었던 어느 날 밤으로 돌아가야 한다.

　나는 결혼을 하고 나서 두 차례 계류 유산을 했다. 그리고 거의 아이를 포기할 무렵, 임신 사실을 확인했다. 아무 문제없이 아이를 열 달 동안 배 속에 잘 품을 수만 있다면, 건강하게 낳을 수만 있다면 세상 그 무엇도 부럽지 않게 키울 자신이 있었다. 아이가 배 속에서 자랄 때 세상을 다 가진 것처럼 행복했고, 아이를 낳는 그 순간마저도 고통보다는 아이를 곧 만날 수 있다는 설렘과 직접 보고 만질 수 있다는 흥분으로 가득했다. 하지만 행복도 잠시, 핑크빛 꿈들은 아이를 낳자마자 서서히 사라지기 시작했다.

　막상 아이를 낳고 보니 내 마음대로 되는 것이 하나도 없었다. 모유를 먹이는 것도, 잠을 재우는 것도 쉽지 않았다. 낮잠은 30분이면 끝났고, 밤잠은 몇 시간 실랑이를 벌여야 간신히 재울 수 있었다. 낯가림도 너무 심해 아이를 간간히 봐주시던 베이비시터(이하 '시터')의 도움마저도 끊어야 했다. 그나마 남편이 안식년이었던지라 많은 도움을 주었지만 그래도 엄마로서, 엄마만이 할 수 있는 일들이 아이 주변에 산재해 있어 하루하루 지쳐갔다. 고백하건대, 아이가 백일도 되지 않았을 무렵부터 마음속으로 엄마가 된 것을 후회했다.

나에게 찾아온 소중한 아이인데, 육체적·정신적으로 고갈된 상태이다 보니 마냥 예쁘지만은 않았다. 아이가 태어나기 전까지만 해도 사이가 좋았던 남편과 하루가 멀다 하고 싸웠고, 그렇게 하루하루가 눈물로 얼룩져갔다. 아이가 깨어 있는 동안은 온 신경을 집중해 아이를 돌보았고, 아이가 낮잠을 자고 있는 동안은 조금이라도 더 모유를 먹이겠다는 일념으로 유축을 했다. 온종일 씻지도 못하고 좀비처럼 온 집 안을 오가야 했다. 그러던 어느 날 밤, 문득 다음 날 아침에 깨어날 일이 너무나도 두렵게 느껴졌다. 아이와 온종일 시간을 보내는 것이 엄청난 스트레스였다. 그렇게 나는 '육아 우울증'의 늪에 빠져 오랜 시간 허우적거렸다.

그날도 다르지 않았다. 잠을 자지 않으려는 아이와 한 시간 넘게 씨름을 하고 나니 갑자기 화가 치밀었다.

"오늘 밤은 파업이야! 지쳤어, 정말!"

가만히 설거지를 하고 있던 남편에게 버럭 소리를 지른 뒤 그대로 침실로 들어가 문을 잠갔다. 아이가 울어도, 남편이 문을 두드려도 절대 흔들리지 않겠노라 다짐하며 침대로 쏙 들어갔다. 그러다 문득 시선이 멈춘 곳에 몇 개월 동안 관심을 갖지 않아 먼지가 뽀얗게 앉은 책들이 있었다. '먼지만 좀 닦아야지' 하며 몸을 일으켜 티슈를 뽑아 책 표지를 닦다가 정말 오랜만에 책장을 넘겨보았다. 그날 밤

나는 아이의 울음소리가 들렸음에도, 남편이 아이를 달래느라 고군분투하는 소리가 들렸음에도 침대에서 벗어나지 않고 책 한 권을 끝까지 읽었다. 아이와 남편이 곯아떨어진 고요한 새벽, 침대에 누워 창문을 가득 채운 보랏빛 하늘을 바라보며 생각에 잠겼다. 나는 아이를 키우며 행복해지고 싶었다. 후회와 눈물로 얼룩진 하루가 아닌, 아이 때문에 웃었던 기억을 떠올리며 매일 밤 행복하게 잠들고 싶었다.

이런 생각을 하기 시작했다는 것 자체가 굉장한 발전이었음을 나중에야 깨달았다. 어쨌든 그날 이후 나는 달라지기 시작했다. 아이가 낮잠을 자면 무조건 책을 꺼내들었다. 긍정적인 생각을 부추겨주는 책, 공감이 되는 육아 에세이를 구매해 부지런히 읽으며 스스로 마음을 다스렸다. 아이와 남편을 향했던 날카로운 가시들은 여전히 삐죽거리며 눈치를 보고 있었지만, 분명 조금씩 나아지고 있었다.

하지만 책을 읽는다고 해서 모든 것이 하루아침에 달라지진 않았다. 여전히 힘들면 짜증부터 났고, 육아를 하는 하루하루가 힘겨웠다. 잘하다가도 남편에게 가시가 돋친 말을 내뱉기 일쑤였고, 잘 참다가도 한 번씩 아이를 향해 못난 마음을 표현했다. 참 부족하고 형편없는 아내, 엄마임을 자각했지만, 계속해서 낮아지는 자존감과 무기력함, 나란 존재의 가벼움을 느낄 때마다 눈물이 났고, 마음껏 공부하고 일하던 과거가 그리워 너무나 고통스러웠다.

더 이상은 안 되겠다 싶어 남편과 의논한 후 13개월이 된 아이를 미국의 공립 기관인 데이케어에 맡기기로 결정했다. 한동안은 파트타임으로 다녔고, 두 살이 되면서는 종일반으로 옮겼다. 그제야 무너졌던 나를 다시 일으켜 세울 기회를 찾을 수 있을 것만 같아 마음이 가벼워졌다.

하지만 기쁨도 잠시, 아이의 언어가 갑자기 늘고, 한국어보다 영어를 더 자연스럽게 쓰는 모습을 보니 엄마로서 다시 고민에 휩싸이지 않을 수 없었다. 아이가 도서관에서 집어온 책에 모르는 단어가 나오거나, 아이의 선생님으로부터 단번에 이해할 수 없는 표현을 듣거나, 데이케어에서 진행하는 행사가 낯설게 다가올 때면 무척이나 당황스러웠다. 아이가 더 커서 학교에 들어가 내게 어떠한 질문을 던졌을 때, 인터넷을 검색하지 않고 정확한 답을 자신 있게 말해줄 수 있을지도 의구심이 들었다. 지금 생활하고 있는 공간이 한국이라면 오랜 시간 겪어온 경험들을 바탕으로 자세히 이야기해줄 수 있을 테지만, 미국에서 대학원 이전의 교육을 받아본 적 없는 나와 남편이 아이의 상황을 얼마나 이해하고 공감할 수 있을지도 미지수란 생각이 들었다. 이 무렵 나는 아이를 위한 공부를 시작해야겠다고 마음먹었다.

말하기도, 듣기도, 작문도 아닌 읽기, 즉 원서 리딩을 선택한 첫 번째 이유는 손쉽게 시작할 수 있다는 점 때문이었다. 원서 한 권과 사전만 있으면 언제라도 시작할 수 있다는 점과 따로 시간을 내 강좌나 기관을 찾아다닐 필요 없이 앉을 곳만 있으면 시작할 수 있다는 점이 가장 큰 장점이었다. 또 다른 이유는 대학교 시절 영문학과 교수님께서 하신 말씀 때문이었다. 교수님은 이렇게 말씀하셨다.

"읽어야 들을 수 있고, 들을 수 있어야 말을 할 수 있다. 또한 많이 읽어야 잘 쓸 수 있다."

한창 영어 점수를 올리고자 혈안이 되어 있을 때 들은 조언인지라 지금까지 생생하게 기억하고 있다. 그래서 여동생에게 SOS를 보냈다. 혼자 하기 버거우니 길고 험난한 원서 리딩을 함께해보는 것이 어떻겠냐고 제안했고, 여동생은 흔쾌히 수락해주었다. 긍정적인 효과를 얻기 위해서는 강제성도 필요했다. 그래서 블로그에 일주일에 한 번씩 리뷰를 올리고, 구독자들과 함께하기로 결정했다. 사실 구독자들이 공감하지 못하는 것은 아닐지, 공부는 무슨 공부냐며 재미없게 느끼는 것은 아닐지 걱정도 되었다. 하지만 의외로 많은 분들이 공감을 해주었다. 함께하고 싶다는 응원의 메시지도 많이 받았다. 원서 리딩을 통해 무너진 자존감을 세우고, 엄마로서도 당당해지고 싶다는 바람을 표현했을 때, 타국에서 아이를 키우고 있는 엄마들의 다양한 고민을 들을 수 있었다. 아이를 위해, 자신을 위해 정말 필요한 공부라는 피드백을 받으니 조금씩 자신감이 생겼다. 원서 리딩이 엄마의 자존감을 하루아침에 바로 세워줄 것이라고 생각하지는 않는다.

하지만 잃어버렸던 나 자신을 되찾는 데 있어 한 발짝 더 다가설 수 있는 작은 시작점이 될 것이라 생각한다.

 이 책을 출간하기 전에 고민이 많았다. 미국에서 오랜 시간 공부하긴 했지만 영어 관련 학위를 받은 것도 아니고, 현재 몸담고 있는 분야에서 독보적으로 성공한 사람이라고 생각하지도 않기 때문이다. 과연 내가 나보다 더 훌륭하고 프로페셔널한 엄마들에게 어떤 이야기를 들려줄 수 있을까 고민이 되었다. 게다가 앞서 말했듯 나는 평균에도 미치지 못하는 형편없는 엄마이기에 육아에 대한 이야기를 건네는 것이 조심스럽고 부끄럽다. 하지만 한 가지 확실하게 말할 수 있는 것은 원서 리딩을 하면서 생활이 달라졌다는 사실이다. 다시 책을 읽는 계기가 되었고, 그로 인해 깊은 육아 우울증에서 벗어날 수 있었다. 이런 경험들을 솔직하게 나누고 싶다는 생각으로 쓰기 시작한 글이 출간으로까지 이어지게 되었다.
 나는 이 책이 힘든 육아로 하루하루 고단하게 사는 엄마들에게 영어 공부를 하라는 채찍질이 아닌, 점점 작아져가는 나 자신을 되찾을 수 있는 희망의 불빛이 되길 소망한다. 영어 단어를 하나 더 아는 것이 중요한 게 아니다. 나는 여러분이 아이와 함께하는 긴 육아 과정을 '배움'이라는 단어와 더불어 갈 수 있는 자신감 넘치는 엄마가 되길 간절히 바란다.

이 책이 출간되기까지 힘든 시간을 보낸 위즈덤하우스의 김하나리 편집자님께 제일 먼저 감사 인사를 드리고 싶다. 나의 영원한 소울메이트이자 최고의 리딩메이트, 이 책의 시작부터 마지막까지 함께해준 사랑하는 나의 자매님에게도 진심으로 고맙다고 말하고 싶다. 책을 무사히 세상에 내놓을 수 있도록 육아와 살림을 적극적으로 함께해준 남편과 모성애가 부족한 어미 곁에서 잘 자라주고 있는 장한 내 딸, 넘치게 사랑한다고 말하고 싶다. 나와 여동생을 낳아주신, 우리 두 사람의 롤모델이신 부모님께도 이 책을 빌려 다시 한 번 감사하고 사랑한다는 말을 전하고 싶다. 한국에서 늘 아낌없는 응원을 보내주시는 시부모님과 다른 가족들에게도 고마움을 전한다.

마지막으로 '엄마'라는 이름으로 살아가고 있는 이 세상 모든 분께 진심으로 존경을 표한다.

1장 오직 나를 위한 공부를 시작하다

2장 조금씩이라도 매일 하는 습관을 만든다

3장 영어는 단어로 시작해서 단어로 끝난다

4장 읽은 책을 그대로 흘려 보내지 않는다

1

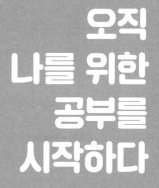

오직
나를 위한
공부를
시작하다

엄마로만 살기 싫어
영어 공부를 시작했다

아이는 미국 동부에 위치한 한 산부인과에서 태어났고, 태어남과 동시에 미국 시민권자가 되었다. 한국에서 대학 교육까지 받은 나와 남편 그리고 미국에서 대학 교육을 목표로 공부할 아이. 구성원은 고작 세 명이지만 우리 가정은 한국인과 미국인이 함께 사는 그런 가정이 되었다. 아이는 13개월 때부터 동네에 있는 데이케어에 다녔다. 매일 하루 중 8시간을 영어만 사용하다 보니 아이는 한국어보다 영어를 더욱 편안하게 생각했다. 아이의 입에선 '코끼리'보다 'Elephant'가 먼저 튀어나왔다. 혹시라도 아이가 한국어를 하지 못하게 되는 것은 아닐지 걱정이 되었다. 그때 아이의 선생님이 이렇게 조언해주셨다.

"절대로 한국어를 포기하지 마세요. 집에서는 무조건 한국어만 쓰세요."

우리 부부는 집에서만큼은 한국어를 쓰는 것을 원칙으로 하고 있지만 어느덧 아이의 한국어 수준은 영어보다 한참을 못 미치게 되어 버렸다.

나는 미국에서 유학 생활을 하며 여러 대학원에서 공부를 했고, 졸업 후 전문적인 분야에서 일을 해 영어를 사용하는 것에 전혀 문제가 없었다. 하지만 아이를 낳고, 아이에게 책을 읽어주면서 그리고 아이가 데이케어에 다니면서 영어에 대한 자신감에 조금씩 균열이 가기 시작했다.

나는 책을 사랑하는 아이로 키우겠노라며 백일이 갓 지난 아이를 데리고 동네 도서관을 다닌 극성 엄마였다. 그래도 처음엔 괜찮았다. 그림 하나, 단어 하나로 이루어진 얇은 그림책은 아무 문제가 되지 않았다. 그런데 시간이 흐를수록 조금씩 단어가 많아지고 화려한 삽화가 주르륵 등장하는 동화책을 볼 때면 종종 당황하지 않을 수 없었다. 불쑥불쑥 모르는 단어가 튀어나왔다. '고작 한 살짜리 아이가 보는 책인데, 내가 모르는 단어가 있다고?' 하며 좌절하긴 했지만 그때만 해도 '지금은 여유가 없어서 아무것도 못하지만 아이가 조금 더 크면 시간이 날 테니 그때 공부하면 되지, 뭐!' 하며 안일하게 생각하

022

고 책을 덮어버렸다.

그러던 어느 날, 아이가 무척이나 잘 따르는 선생님과 모처럼 교실에서 대화를 나눌 기회가 생겼다. "선생님, 아일린이 저보다 선생님이 더 예쁘다고 하네요"라고 말하니 선생님은 아이의 볼을 만지며 "You're so silly!"라고 하고는 환히 웃었다. 사실 나는 그때 적잖이 당황했다. 내가 알고 있는 'silly'는 좋지 않은 의미를 가진 'foolish', 'stupid'와 같은 급의 단어인데, 선생님이 왜 그런 표현을 사용했는지 이해할 수 없었다. 선생님의 반응이 아이를 꾸짖거나 놀리는 것 같지는 않았다. 설마 선생님이 엄마 앞에서 아이에게 '너 바보야!'라고 말했을까 싶어 집으로 돌아오자마자 이 단어에 대해 알아보았다. 알고 보니 'You're silly'라는 표현을 아이에게 사용할 경우, 'You're funny!' 혹은 'You're cute!' 등의 좋은 의미가 담겨 있었다. 하마터면 평생 'You're silly'를 함부로 써서는 안 될 표현으로 알고 있을 뻔했다는 생각에 허탈하면서도 정신이 번쩍 났다. 그동안 내가 쓰고, 듣고, 말하고, 이해했던 영어는 과연 무엇이었는지 아리송해졌다. 미국에서 18년을 살았는데도 아이들의 단어와 그들의 문화를 이해하지 못하고 있었다니! 갑자기 마음이 조급해졌다.

지금은 내 영어 수준이 아이보다 나으니 괜찮지만 과연 이 상태로 얼마나 버틸 수 있을까 걱정되기 시작했다. 아이의 언어 발달 속도를 미루어볼 때, 머지않아 아이에게 나의 얕은 영어 실력이 들통 날 게 분명했다. 그리고 나서는 아이의 영어 실력이 도저히 따라잡을 수 없는 격차를 벌리며 앞서나갈 것이란 두려움이 스멀스멀 엄습해 왔다. 아이가 사춘기가 되었을 때, 우리 가정은 과연 어떤 모습일까? 아이가 한국어를 잘 배우고 익혀 아빠, 엄마와 한국어로 자신의 감정을 다 이야기하고 고민을 토로할 수 있다면 얼마나 좋을까? 그런데 아이가 영어만 사용하고, 아빠와 엄마는 아이가 쓰는 영어를 반쯤만 이해하는 상황이라면? 종종 텔레비전이나 주변 이민 가정을 통해 접한 부모와 자식 간의 대화 단절이 우리 가정에서도 일어나지 않으리라 보장할 수 없었다.

나는 아이에게 친구 같은 엄마가 되고 싶었다. 그런데 하나뿐인 아이와의 대화 단절, 소통의 부재가 발생한다면 부모로서의 방향성마저 상실될 수도 있을 거란 생각이 들었다. '어떻게 해야 토종 한국인인 내가 미국에서 낳고 자란 미국인 딸아이와 친구 같은 사이가 될 수 있을까?' 스스로에게 수없이 물어볼 때마다 도돌이표처럼 되돌아온 답은 하나였다.

'언어와 문화에 대한 이해 그리고 공부!'

일단 언어와 문화를 공부하겠다고 마음먹었지만 어디에서부터 무엇을 가지고 공부해야 할지 몰라 갈팡질팡했다. 나의 경우 의사소통이나 일상적인 언어는 아무 문제가 없었기 때문에 ESL 같은 어학연수 과정은 필요가 없었고, 그렇다고 영어를 학문적으로 파고들기엔 시간적·정신적·육체적 한계가 있었다. 이왕이면 언어와 문화를 효과적으로 한 번에 아우를 수 있는 공부법이 절실했다.

처음에는 미드(미국 드라마)나 영화 같은 영상을 통해 공부해볼까 싶었지만, 몇 편을 보다 보니 언어가 아닌 배우들에 빠져버렸고, 다음 편의 내용이 궁금해 밤새 미드를 보는 일이 벌어지면서 다음 날 육아에까지 지장을 초래하는 최악의 상황이 발생했다. 이리저리 머리를 굴리고 있는데, 문득 책장에 꽂혀 있는 원서들이 눈에 들어왔다.

'그래, 저거다! 원서를 다독하자!'

아이에게 읽어줄 책을 미리 살펴보고 아이의 눈높이에 맞춰 이야기해준다면 친구 같은 엄마가 될 수 있을 것만 같았다. 그때부터 나는 아이에게 책을 읽어주기 전에 모르는 단어를 찾아 미리 공부했고, 내가 가지고 있는 원서들을 다시 꺼내 읽으며 워밍업을 했다.

어린아이를 키우고 있는 바쁜 엄마라면 '잠잘 시간도 부족한데, 공부는 무슨 공부?'라고 생각할지도 모른다. 사실 엄마는 늘 바쁘다. 아이가 잠을 자고 있어도 바쁘고, 아이가 놀고 있어도 바쁘고, 아이를 누군가 혹은 기관에 맡겨도 바쁘다. 나 자신을 위한 시간이 거의 없다. 그러다 보니 제대로 꾸밀 수도 없고, 책 한 권을 손에 들고 있을 수도 없고, 마음대로 밖에 나가 커피 한 잔을 사 마실 수도 없다.

하루하루 반복되는 일상에서 스스로 변화를 거부한다면 다람쥐처럼 매일 제자리에서 쳇바퀴를 돌리며 자신이 파놓은 우물 속으로 빠져들게 된다. 나는 이 거대한 우물 안 쳇바퀴에서 빠져나오기 위해 새로운 목표를 세우고, 계획을 통해 나 자신을 다잡기로 했다. 그 계획들을 실천하면서 우선 쳇바퀴에서 벗어나고, 그리고 나서 우물을 기어오를 묘수를 생각하기로 했다. 가장 먼저 '매달 한 권의 원서 리딩'이라는 목표를 세웠다. 그리고 '매일 미리 정해놓은 페이지 수까지 읽고 잠자기'라는 계획을 세우고 실천하기로 했다. 우물 안에서 벗어날 수 있을 때까지 천천히 나 자신을 위한 영어 공부를 해보기로 마음먹었다.

이렇게 시작한 공부는 사실 이전에 했던 공부와 많은 부분이 달랐다. 결혼 전 대학원을 다니며 공부하던 시절에는 좀 더 밝은 미래를 꿈꾸며 욕심을 내 밤을 새우기도 했다. 더 나은 학점을 받기 위해 도서관이 문 닫는 시간까지 매일매일 열심히 공부했다. 그런데 지금 하는 공부는 개인적인 욕심이 아닌, 아이와 나를 위한 일종의 투자였다. 이 투자가 궁극적으로 더 좋은 결과, 더 많은 이득으로 결실을 맺기 위해서는 최선을 다해 집중할 시간을 만들어 공부하는 방법밖에 없었다. 아이가 자라나 대학교에 들어갈 때까지 아이와 함께 공부해보리라 마음먹고, 일단은 공부에 방해가 되는 조바심과 욕심을 내려놓기로 했다.

　엄마로서 아이를 위해 무언가를 한다는 모티브가 주는 힘은 무엇과 비교할 수 없을 만큼 강렬하다. 단단히 마음먹자 그동안은 생각하지도 못했던 자투리 시간이 생겼다. 아이와 나를 위한 공부라는 사실을 인식하며 최선을 다하기 위해 시간을 쪼개고 또 쪼개 한 문장이라도 더 읽고 잠들려고 안간힘을 썼다. 아이가 잠들면 포근한 침대가 유혹했지만 책상 앞에 앉아 졸린 눈을 비벼가며 원서 리딩을 하고, 정리를 했다. 그렇게 시간을 보내자 나의 생활에도 변화가 찾아왔다. 가장 먼저 육아 스트레스 때문에 나 자신을 포기한 상태로 살아가던 일상에서 조금씩 벗어나게 되었고, 무기력하게 늘어져 있던 시간이 줄어들자 모습을 감추었던 활력을 되찾을 수 있었다. 한 달을 계획한 대로 실천하고 나니 다시금 예전처럼 공부할 수 있다는 자신감이 생겼고, 한 권의 원서 리딩을 끝내고 나서는 해냈다는 성취감을 느꼈다.

　나는 내일이 오는 게 두려웠던 육아 우울증이란 깊은 우물에서 한 걸음씩 기어오를 수 있었다. 내적인 행복감과 평온함을 느끼며 다음 날 읽을 원서의 뒷부분이 기다려졌다. 매일 한 문장이라도 더 읽고 적어보려 노력하는 시간을 사랑하게 되었다. 하루하루 읽어가며 쌓인 원서의 페이지들을 발판 삼아 나는 드디어 깊고 깊었던 우물에서 벗어날 수 있었다.

원서 리딩을 통해 하루하루 쌓여가는 긍정적인 감정들은 매일 고된 일과를 소화하는 '엄마'라는 이름의 나에게 우울함에 허덕이던 육아마저도 즐겁게 다가올 수 있다는 신비한 경험을 하게 해주었다. 그러다 보니 어느새 누가 시키지 않아도 마치 중독처럼 매일매일 원서 리딩을 하고, 매달 새로운 원서를 찾으며 즐겁게 영어 공부를 할 수 있게 되었다.

영국의 존경받는 정치가이자 노벨문학상을 탄 윈스턴 처칠(Winston Churchill)은 이렇게 말했다.

"어떤 방법을 활용하든 기분 전환을 하려면 변화가 필요하다. 우리가 독서를 할 때 평상시 쓰는 언어가 아닌 다른 언어로 된 책을 읽는다면, 그만큼 더 신선한 자극과 변화를 느끼게 될 것이다."

하루하루 반복되는 일상에서 내가 선택한 변화인 원서 리딩은 생각보다 더 많이 달라진 내 모습을 발견할 수 있게 만들어주었다. 아이 때문에 시작한 영어 공부는 시간이 흐를수록 나를 위한 공부로 변하고 있지만, 그 속에서 다시 찾게 된 나의 존재감과 자존감은 포기할 뻔했던 '육아'를 행복하게 이끌어갈 수 있는 가장 큰 에너지가 되고 있다.

지금 당장 쉬운 원서 한 권과 노트, 필기구를 앞에 놓고 시작해보자. 한글로 된 책을 읽을 때보다 시간이 훨씬 많이 걸리고 모르는 단어와 맞닥뜨릴 때마다 답답함도 느끼겠지만, 윈스턴 처칠이 말한 '기분 전환'과 상쾌한 '변화'를 직접 경험해볼 수 있을 것이다.

모든 일은
시작이 반이다

아이가 13개월이 되었을 때, 남편과 나는 아이를 데이케어에 보내기로 결정했다. 1년 가까이 육아만 하다 보니 개인적으로 너무 피폐해져 있었고, 남편도 일과 육아로 많이 지쳐 있던 상태라 우리에게는 숨 쉴 틈이 필요했다.

일단 종일반 대기자 명단에 아이의 이름을 올려놓고 화요일과 목요일, 이틀간만 다니는 파트타임부터 시작했다. 그 당시 아이는 제대로 걷지 못했고, 한국어만 사용하는 부모와만 생활을 해왔기에 영어를 쓰는 사람들을 두려워했다. 게다가 밖에 나가면 낯선 사람들이 무서워 엄마 옆에 꼭 붙어 떨어지지 않는 아이였던지라 데이케어에 처음 등교한 날부터 거의 3주일 동안은 엄마와 절대 떨어지지 않겠다는 다부진 각오라도 한듯 필사적으로 매달렸다.

화요일과 목요일이 되면 아이를 떼어놓는 게 너무 큰 스트레스여서 '차라리 보내지 말까' 하는 생각도 했다. 우리 아이만 새로운 환경에 적응하지 못하는 것 같아 속이 상해 못나게도 아이에게 그리고 남편에게 짜증을 부렸다. 지금 생각해보면 아이는 낯선 언어를 쓰며 자신에게 다가오는 사람들이 엄청나게 두려웠을 텐데, 엄마라는 사람은 자신이 지쳤다는 핑계로 아이의 공포감을 이해하고 공감해주지 못했다. 난 참으로 못난 엄마였다.

"영어 공부를 하기로 마음먹었는데, 꼬부랑글씨만 보면 울렁증이 생겨요"라고 말하는 사람이 많다. 말이 울렁증이지 사실은 오랜 시간 하지 않았던 영어 공부에 대한 두려움이 맞는 표현일 것이다. 아이가 처음 영어만 사용하는 데이케어에서 느꼈던 당혹감과 두려움, 공포심을 왜 성인이라고 느끼지 않겠는가.

아이가 데이케어에 적응한 과정을 돌이켜 생각해보았다. 한국어만 이해하던 아이는 선생님들이 알려주는 제스처와 손동작을 통해 자신의 의사를 표현하기 시작했다. 이 과정은 우리 아이에게만 해당하는 것이 아니었다. 어려서 말을 하지 못하는 미국 아이들에게도 의사소통을 위해 데이케어에서 가장 먼저 가르치는 교육 과정 중 하나였다. 'Thank you!', 'Excuse me', 'I'm full', 'I'm done', 'more' 같은 문장이나 표현, 단어들에 해당하는 손동작을 배우고 차츰 사용하기 시작하면서 아이는 조금씩 데이케어에 적응하기 시작했다. 마치 우리가 미국의 한 마트에서 필요한 것을 구매해야 하는 상황에 놓였고, 하는 수 없이 온갖 손동작과 몸짓을 동원해 의사를 표현하는 것처럼 말이다. 우스꽝스럽지만 이 과정을 통해 상대방이 나의 마음을 알아차리고 원하는 물건을 건네준다면 어떨까? 어찌됐든 원하는 것을 얻었다는 뿌듯함에 주변 사람들에게 자신의 일화를 이야기하고, 이 기회를 통해 자신감을 얻고 낯선 언어를 배우겠다고 결심할 수도 있을 것이다.

아이도 자신의 손동작을 통해 선생님들이 원하는 바를 알아차리고 함께 소통할 수 있게 되다 보니 점점 모든 상황과 주변 사람들에게 마음을 열게 되었고, 지금은 데이케어에 가는 것을 매우 좋아한다.

언어란 위축되고 두려워하면 시작조차 할 수 없다. 당장 내일 시험을 보는 것도 아닌데, 토익이나 토플 점수를 통해 당락이 결정되는 것도 아닌데, 취업이나 대학원 진학, 유학을 목적으로 죽기 살기로 매달려야 하는 의무감이 있는 것도 아닌데 덜덜 떨며 영어 공부를 미룰 필요가 있을까? 영어 공부를 시작하기 전에 우리의 모국어는 '한국어'이고, 영어는 '외국어'임을 잊지 말길 바란다. 외국어가 모국어만큼 자연스럽지 않은 것이 당연하고, 모국어보다 익히는 데 더 많은 시간이 필요하다는 사실을 당연한 이치로 받아들여야 한다.

교환 학생 시절, 한국인 지도 교수님께서 미국인들과 자연스럽게 대화를 주고받는 모습을 본 적이 있다. 그들의 문화 속에서 살아가고 계신 교수님의 모습이 너무나도 편안해보였다. 그러던 어느 날, 교수님께 "교수님, 전 영어를 너무 못해서 걱정이에요"라고 말하며 하소연했다. 미소를 지으며 나의 푸념을 들어주시던 교수님이 이렇게 말씀하셨다.

"미국에 온 지 얼마나 됐지?"

"3개월이요."

"미국에 온 시간만큼이 미국에서 낳고 자란 아이들의 영어 수준이라고 생각해보렴. 너는 이제 고작 말을 하기 시작한 아이의 3개월 과정밖에 안 된 거란다. 그러니 어려울 수밖에. 나는 미국에 온 지 20년이 넘었는데, 지금도 이렇게 생각해. 나의 영어는 미국에서 낳고 자란 스무 살짜리만큼의 실력이라고. 그러니 신문을 볼 때 모르는 단어가 있을 수도 있고, 그 단어를 공부하는 것은 필수라고."

나는 유학 생활을 하면서 영어가 막힐 때마다 교수님의 조언을 떠올렸다.

'그래, 나의 영어는 고작 두 살짜리 아이의 실력이야. 그러니 영어를 못하는 걸 수치스럽게 생각하지 말자! 두려워하지 말자!'

이 책을 읽고 있는 여러분도 좀 더 편안한 마음으로 영어에 접근하면 좋겠다. 아이가 낮잠을 자는 동안 텔레비전을 보는 것보다 더욱 보람 있는 활동을 해보고자 평소 보고 싶었던 소설책을 꺼내드는 것처럼 그렇게 원서를 꺼내보는 건 어떨까? 한글로 된 책은 한 시간에 수십 페이지를 읽을 수 있지만, 원서는 외국어이기에 진도가 느리고 시간이 더 걸릴 뿐이라고 편하게 생각하며 말이다.

"엄마는 영어를 공부해서 가장 하고 싶은 게 뭐야?"

이 책을 쓰면서 오래전부터 동네 문화센터에서 영어 공부를 하고 계신 친정 엄마에게 물었다. 엄마는 이렇게 대답했다.

"나는 외국으로 여행을 떠났을 때나 외국인을 만났을 때 영어로 유창하게 의사 표현을 하고 싶어."

영어를 공부하는 대부분의 사람이 같은 마음이지 않을까 싶다. 하지만 현실은 어떤가. 외국인이 다가와 말을 거는 상상만 해도 오금이 저리고 당황스러워 얼른 자기 생각을 내쫓으려 애쓸 것이다. 이런 두려움을 극복하고 외국인과 유창하게 대화하기 위해 영어 공부를 하겠다고 다짐하는 사람들은 과연 원서 리딩이 효과가 있는지 궁금할 것이다.

이 점에 대해 설명하기 위해서는 아이가 처음 말을 배우기 시작했을 때로 되돌아가 생각해보아야 한다. 아이가 처음 말을 배울 때 주

양육자가 수다스러우면 말이 빨리 는다고 한다. 그래서 전문가들은 엄마에게 아이를 향해 말을 많이 해주고, 천천히 반복해서 단어를 들려주라고 조언한다. 아이는 아직 글을 몰라 읽을 수 없기 때문에 일단 듣기부터 시작해 차츰 들린 단어를 따라 말하고, 문장을 자기 것으로 만들어나간다. 그렇기에 아이에게 말을 들려주는 양육자의 단어 선정, 문장 구성 등이 아이의 언어 발달에 큰 영향을 미친다.

하지만 이 방법만을 고수한다면 한 가지 분명한 한계점이 보인다. 바로 주 양육자가 말을 많이 하지 않거나 표준어를 구사하지 않는 경우, 아이의 언어 발달을 크게 저해할 수도 있다는 사실이다. 우리는 종종 텔레비전 드라마 등에서 할머니처럼 구수하게 사투리를 구사하는 꼬맹이들을 보며 웃음을 터트리곤 한다. 주 양육자가 사투리를 사용하는 할머니일 경우 일어나는 에피소드다.

아이들이 단어를 익히고 어휘력을 늘릴 때 가장 큰 도움이 되는 것은 바로 '독서'다. 육아 전문 기자 트레이시 커크로(Tracy Cutchlow)는 자신의 저서 《최강의 육아》에서 "새 단어를 학습하는 데 독서보다 뛰어난 방법은 없다. 대화만으로 독서만큼 폭넓은 어휘력을 얻을 수 없다"라고 주장하며 독서의 중요성에 대해 설명했다.

독서의 중요성은 비단 어린아이들에게만 해당하는 것이 아니다. 외국어를 배우는 성인에게도 해당된다. 아이들은 글자를 읽을 줄 모르기 때문에 부모가 그 역할을 대신해주어야 하지만, 성인인 우리는 글자를 읽을 수 있다는 커다란 강점이 있다. 아이들은 글자를 읽을 줄 모르기 때문에 수동적으로 독서를 해야 하지만, 성인인 우리는 능동적으로 독서를 할 수 있다. 많이 읽다 보면 누군가에게 듣고 배우는 것보다 훨씬 더 많은 단어와 문장을 익히게 되고, 그러다 보면 들리는 것, 자연스럽게 읽고 기억하는 것들을 도태로 말을 할 수 있게 된다. 따라서 다양한 종류의 책을 통해 그 안에 담긴 단어와 문장을 배우며 서서히 듣고 말하는 것을 익히는 과정은 어린아이뿐 아니라 성인에게도 꼭 필요하다.

아이가 막 옹알이를 끝내고 알아들을 수 있는 그럴듯한 단어들을 말하기 시작했을 때, 아이의 입에서 나오는 모든 단어에 감사했던 기억이 난다. 아이가 만 2세가 되어 문장을 구사하고 단어들을 나열하며 자기 뜻을 표현했을 때, 기특하면서도 한편으로 내가 처음 미국이란 나라에 와서 당황했던 시절이 떠올랐다. 대학교에서는 영어 좀 한다고 하는 학생이었음에도 불구하고 미국의 언어 장벽은 무척이나 높았다. "I can't speak English well"이란 말을 "Hello!"처럼 입에 달고 살았다. 나는 영어로 말할 때마다 상대방에게 미안했다. 내 말을 알아들으면 고마웠고, 알아듣지 못하면 부끄러웠다. 이러한 상황이 2~3년간 지속되었다.

교환 학생 시절 지도 교수님의 말씀에 따르면, 나는 지금 미국에서 낳고 자란 열여덟 살짜리만큼 영어를 구사해야 한다. 열여덟 살이면 대학교 신입생이거나 고등학교 고학년이다. 솔직히 말하면 그들만큼 영어를 구사한다고 말할 수 없다. 하지만 오랜 세월 미국에서 생활했기에 지금은 영어로 말할 때 두려움이 없고, 근거 없는 자신감도 생겼다. 예전에는 상대방이 내 말을 알아듣지 못하면 부끄러워했지만 지금은 '내 말을 알아듣지 못하는 건 네 탓이야. 나는 말을 해서 답답하지 않아!'라고 생각해버린다. 이렇게 생각하면 스트레스가 덜하다. 상대방이 내 말을 꼭 이해해야 하는 상황이라면 "다시 한 번 말해주겠니?"라고 말한다. 그럼 그때 천천히 다시 말해주면 된다.

예전에는 "다시 한 번 말해주겠니?"라는 말이 몹시도 자존심이 상하고 부끄러웠다. 내가 영어를 제대로 하지 못해 상대방에게 피해를 주는 것만 같았다. 하지만 시간이 지나면서 미국 사람끼리도 서로 "뭐라고?", "다시 한 번 말해줄래?"라는 말을 자주 한다는 것을 알게 되었고, 그때부터 부끄러움이 사라졌다. 우리도 누군가와 대화할 때 같은 한국 사람임에도 잠시 딴생각을 하거나 요점을 파악하지 못하면 상대방에게 되묻지 않는가. 이때 되묻는 사람이 주눅이 들거나 부끄럽다고 얼굴을 붉히지는 않는다. 그러니 내가 외국인이라는 것을 자각해 말을 할 때마다 자신 없어 할 필요는 없다. 상대방은 전혀 개의치 않는다. 이렇게 생각을 정리하자 자신감과 뻔뻔함이 생겼다. 틀려도 괜찮다는 위안을 넘어선 용기도 생겼다.

나는 어학연수를 위해 미국에 온 후배들에게 이렇게 말하곤 한다. 부끄러워하지 말라고. 두려워도 계속 네가 하고 싶은 말을 하라고. 어차피 너는 말을 했으니 후련하고, 알아듣지 못하는 사람만 답답할 뿐이라고. 같은 언어를 사용하는 사람들끼리도 다시 말해달라는 말을 자주 하니 그런 말을 들어도 주눅 들 필요가 없다고. 이러한 사실을 내가 처음 미국에 왔을 때 깨달았더라면 더 많은 외국인 친구를 사귀고, 더 재미있게 교환 학생 시절을 보냈을 것이라는 아쉬움이 든다.

영어는 위축되거나 자신감이 결여되면 자신이 가진 실력을 100퍼센트 보여주지 못한다. 두렵고 자신 없다고 생각하면 원서를 펼쳐보기도 전에 도망부터 가게 된다. 아이를 키우다 보니 어른과 아이의 가장 큰 차이점이 뚜렷하게 보인다. 그것은 바로 자신감과 호기심의 정도다. 아이는 자아도취에 빠져 자신감이 넘치는 경우가 많다. 그래서 무서운 것도 모르고 무모하게 어떠한 상황에 뛰어든다. 위험하다고 소리치며 달려가는 것은 아빠, 엄마의 몫이다.

말을 시작한 아이의 언어가 눈에 띄게 느는 것은 아이가 가지고 있는 본능적인 언어에 대한 호기심 때문인 듯하다. 어떠한 단어 하나를 알려주면 작은 소리로 중얼거리며 반복해 말한다. 그 모습이 어찌나 귀여운지. 낱말 카드를 보여주면 정답을 맞힐 때까지 절대 포기하지 않는다. 그러다 정답을 맞히면 세상 모든 것을 가진 듯 큰 소리로 환호한다. 하지만 어른은 다르다. 실천을 해야 결과가 생기는 법인데, 가만히 자리에 앉아 생각만 한다. 100퍼센트 확실한 것에만 자신감을 보인다. 나이가 들수록 크게 궁금한 것도 없다. 언어에 대한 호기심도 별반 다르지 않다. 모르는 단어가 있으면 사전을 찾아보기보다는 귀찮음에 스리슬쩍 넘어가버린다. '할 수 있다!'라는 자신감보다는 '이걸 해서 뭐하지?'라는 회의적인 물음부터 던진다. '이것에 대해 꼭 알아야겠어!'라는 호기심보다는 '이걸 알아서 뭐해?'라며 회의적인 물음으로 마무리한다.

영어뿐 아니라 다른 외국어를 공부할 때도 자신감과 호기심은 필수다. 두렵다고 밀어내고, 울렁거린다고 포기하면 자신이 가지고 있는 언어에 대한 잠재력은 향상이나 발전 없이 그 상태에 머물게 된다. 아이는 언어를 배울 때 울렁증 때문에 토하려 한다거나 두려워 우는 일이 없다. 하나라도 더 듣고 배우려는 열정만 있을 뿐이다. 우리도 외국어를 배우는 데 있어 이런 호기심과 자신감, 열정이 필요하지 않을까?

아이를 키우는 육아와 원서 리딩을 통한 영어 공부가 비슷하다는 생각을 자주 한다. 길게 보고 달려야 하는 육아와 마찬가지로 원서 리딩을 통한 영어 공부를 할 때도 장거리 마라톤을 하는 러너처럼 끊임없이 자신을 재정비하고, 지치지 않게 다독여야 한다. '매달 한 권의 원서 리딩'이라는 목표와 '영어 공부를 통해 잊고 지낸 나의 존재감 찾기'라는 궁극적인 생각 외에 다른 이유나 명분은 필요하지 않다. 일단 즐겁게 시작하자. 그저 자기 수준에 맞는 원서 한 권, 필기구, 모르는 단어를 찾아볼 수 있는 사전만 옆에 있으면 된다고 믿고 시작해보자.

내게 맞는
영어책 고르는 법

주말이면 아이를 데리고 동네 도서관을 방문한다. 여름에는 짧게 운영하거나 문을 닫지만 겨울에는 늦은 시간까지 운영하기 때문에 우리 가족에게는 추운 날씨에 가장 효과적으로 시간을 보낼 수 있는 공간이다. 물론 도서관에 가면 예전처럼 남편과 마주 보고 앉아 각자 좋아하는 책을 느긋하게 읽을 여유는 없다. 이제 33개월이 된 아이를 데리고 도서관의 'Children's Room'으로 가면 책꽂이에 있는 책들을 빼내어 고르는 아이의 뒤치다꺼리를 하느라 정신이 없다.

아이가 읽어달라고 가져오는 책에 너무 그림만 있으면 "이건 아일린의 수준에 맞지 않는 책이네?"라고 말하며 돌려보내기도 하고, 너무 두꺼운 책을 가지고 오면 "이건 너무 어려운 책이네. 아일린이 좀 더 크면 봐야겠다"라고 말하고 다시 책꽂이에 꽂아두고는 한다. 그러다 문득 머릿속에 '그렇다면 나에게 맞는 수준의 원서는 무엇일까?'라는 생각이 떠올랐다. 물론 트렌디하고 베스트셀러로 손꼽히는 책을 당당하게 구매해 읽고 싶은 욕심도 있다. 도서관 한쪽에 있는 'New Release' 코너에서 아무런 고민 없이 두꺼운 책을 턱 하고 뽑아 대출 신청을 하고 싶기도 하다. 하지만 그렇게 선택한 책은 대부분 책꽂이에 고스란히 꽂혀 장식용이 되거나 반납 날짜에 맞춰 부랴부랴 도서관으로 가져가기 일쑤다. 아이의 수준에 맞는 책은 척척 잘도 고르면서 원서 리딩을 시작하겠다고 마음먹었음에도 나에게 맞는 원서는 어떻게 골라야 하는지 고개를 갸웃하게 되는 경우가 많다. 그렇다면 내게 맞는 원서, 어떻게 골라야 할까?

가장 공신력 있고 객관적인 선택 방법은 자신의 '렉사일 지수(lexile level, 미국 국가공인 독서 능력 평가 프로그램)'를 테스트해보고, 분석을 통해 나온 수치에 맞게 원서를 고르는 것이다. 하지만 이 경우 테스트를 거쳐야 한다는 번거로움이 있고, 렉사일 지수가 같다고 해도 문장 표현이나 단어 선택에 있어 작가에 따라 어려운 정도가 차이가 있기 때문에 100퍼센트 믿고 의지할 수 없다. 이 장에서는 지금까지의 성공과 실패를 통해 얻은 원서 선택에 관한 노하우를 좀 더 자세히 소개해볼까 한다.

　계절이 바뀔 때마다 옷장의 옷들을 쭉 훑어보고는 쇼핑을 결심하곤 한다. 대부분의 사람은 쇼핑을 할 때 온라인이나 오프라인 매장에서 자신에게 맞는 스타일과 컬러를 꼼꼼하게 살펴보는 과정을 거친다. 어떤 사람은 원색 계열의 옷이 잘 어울리고, 어떤 사람은 무채색 계열의 옷이 잘 어울린다. 나는 원색 계열의 캐주얼 웨어나 정장을 선호하는 편인데, 종종 갑자기 무언가에 꽂혀 파스텔 톤이나 원색 계열의 옷을 입어볼까 싶은 마음이 스멀스멀 올라올 때가 있다. 그럴 때면 조금 번거롭더라도 오프라인 매장에 찾아가 직접 입어보고 나에게 어울리는지 확인한 뒤 옷을 구매하려 한다. 티셔츠 하나를 사더라도 입었을 때 예뻐 보이는지, 사이즈는 잘 맞는지 등 여러 조건을 까다롭게 따져본 뒤 구매를 한다.

　원서도 마찬가지다. 이것저것 꼼꼼하게 따져본 뒤 고를 필요가 있다. 옷을 구매할 때 집중해서 선택하고 색다른 시도를 위해 발품을 마다하지 않는 것처럼, 원서를 고를 때도 쇼핑을 하듯 온라인 서점이나 오프라인 서점을 찾아가 서문, 목차 등을 자세히 살펴보며 자신에게 맞는 분야와 문체를 찾아야 한다. 옷을 구매할 때 크게 실패하지 않으려면 평소 자신이 좋아하고 즐겨 입는 컬러와 스타일을 선택하는 것이 좋다. 마찬가지로 원서를 고를 때에도 자신에게 익숙한 제목, 익숙한 문체를 선택하는 것이 좋다. 그리고 나서 다른 컬러의 옷,

다른 스타일의 옷을 골라 입어보며 기분 전환을 하는 것처럼, 한 번쯤은 어려운 원서, 평소 읽지 않았던 분야의 원서를 읽으며 분위기를 바꿔보는 것도 원서 리딩을 통한 영어 공부를 오랫동안 지속할 수 있는 한 가지 팁이다.

익숙한 것부터 시작하기 위해서는 자신이 좋아하는 한글 책 분야가 무엇인지 고민해볼 필요가 있다. '나는 에세이나 소설을 좋아해'라고 생각하면서 원서는 누군가가 추천했다는 이유로, 베스트셀러라는 이유로 자기계발서를 선택해 읽었다고 가정해보자. 자신이 평소 관심을 둔 분야가 아니기에 읽을수록 따분해지고, 독해하는 과정 자체가 힘들어 중간에 포기할 가능성이 크다. 이러한 경우를 방지하기 위해 좋아하는 한글 책이 번역서인 경우, 그 책의 원서를 선택하는 것이 좋다. 이미 한글 책으로 읽고 난 후라 이해도 빠르고, 모르는 단어나 문장을 유추해보는 재미도 쏠쏠하다.

나와 내 여동생의 경우를 예로 들면, 원서 리딩을 하겠다고 결정했을 때 내가 리더로서 첫 번째로 선택한 책은 《Tuesdays with Morrie》였다. 《모리와 함께한 화요일》의 원서로, 지금까지도 스테디셀러 목록에 있다. 워낙 유명해 읽어본 사람이 많을 것이라 생각한다. 나와 여동생도 번역서를 읽은 적이 있다. 《Tuesdays with Morrie》는 문장이 짧고, 해석하는 데 어려운 문법적 요소가 거의 등장하지 않아 원서 리딩을 하고자 하는 사람들에게 늘 추천하는 책이다. 번역서를 읽고 좋은 인상을 받았던 사람이라면 원서로 다시 한 번 읽는 것에 크게 거부감이 없을 것이다. 또한 번역서에서는 느낄 수 없는 원서의 정확한 표현을 접할 수 있어 읽는 재미가 두 배로 껑충 뛴다. 이처럼 자신이 좋아하는 책이 있고, 그 책이 번역서인 경우, 원서를 찾아 읽어보는 것으로 시작하는 것이 좋다. 다만, 원서가 자신의 영어 수준을 뛰어넘어 읽기에 까다롭고 어렵다면 완독할 수 있을지 다시 한 번 고려해보아야 한다.

처음 원서 리딩을 하겠다고 마음먹었다면 그다음에 하는 행동은 무엇일까? 아마도 인터넷에 접속해 여러 사이트에서 '원서 리딩에 좋은 책'을 검색할 것이라 생각한다. 하지만 이 방법은 참고만 하길 바란다. 검색을 통해 얻은 결과를 무조건 믿기보다 몇 가지 검증 과정을 반드시 거칠 필요가 있다.

내가 리더로서 두 번째 원서를 선택할 때 혹시나 도움이 될까 싶어 인터넷에 검색을 해보았다. 누군가가 미국 중고등학생들의 추천 도서이며, 초보 리더들을 위한 책이라며 《오만과 편견(Pride and prejudice)》을 추천한 글을 보고 별 생각 없이 '옳거니!' 하고 블로그 구독자들과 여동생에게 추천했다가 후회한 뼈아픈 경험이 있다.

사실 원서 리딩을 시작할 때 '고전' 위주로 읽어볼 생각이었다. 고전은 오랜 시간에 걸쳐 많은 사람이 '좋은 책'이라고 명명한 것이기에 큰 문제없이 영어 실력을 향상시키고, 재미있게 읽을 수 있을 것이라 생각했다. 또한 고전은 이미 중고등학교 시절 필독서로 열심히 읽었던 경험이 있어 원서를 더 쉽게 읽어나갈 수 있지 않을까 생각했다. 하지만 《오만과 편견》의 원서를 읽어본 사람이라면 나의 이러한 생각들이 얼마나 단순하고 무지했는지를 단번에 알 수 있을 것이다.

나는 경험을 통해 모든 고전이 다 읽기 수월하지 않다는 사실을, 인터넷을 통해 얻은 정보를 함부로 맹신해선 안 된다는 사실을 깨달았다. 레벨이 초급이라고 명시되어 있다 해도 나의 능력이 슬프게도 초급이 아닐 수도 있고, 초급이라는 명확한 기준 자체가 제대로 나와 있지 않은 경우도 많기 때문에 원서를 고를 때는 늘 샘플 페이지를 읽어보면서 자신의 수준을 파악하고, 재미있게 읽을 수 있는가를 판단해야 한다.

나는 대학교 때 컴퓨터 전산학을 전공했다. 이과생임에도 불구하고 학기마다 영문과 전공 수업을 참 많이 들었다. 학원에서 강좌 하나를 듣는 것보다 교수님들의 영어 수업을 듣는 것이 훨씬 재미있고 흥미로웠다. 또한 학점과도 연관이 되다 보니 그 핑계로 매일 영어를 손에서 놓지 않았다. 그 덕분에 졸업장에 부전공으로 영어영문학을 올릴 수 있었다. 그 당시 컴퓨터를 전공하는 학생이 영문학과 전공 수업을 듣겠다며 매번 맨 앞자리에 앉으니 자연스럽게 주목을 받았다. 하루는 수업이 끝난 뒤 교수님께 질문을 하러 갔다가 리딩이 늘지 않는 것에 대해 고민을 토로했다. 교수님은 자신에게 맞는 원서를 고르는 방법을 조언해주셨다.

"일단 서점에 가서 원서를 하나 집어. 그리고 아무 페이지나 펼쳐서 읽어봐. 그 페이지에 모르는 단어가 2~3개 정도이면 자신에게 딱 맞는 수준의 책인 거야."

그날 이후 나는 이 기준으로 원서를 고른다. 적당히 쉽게 읽고 싶은 경우에는 모르는 단어가 2~3개 정도 있는 원서를, 좀 더 발전적으로 단어를 찾아가며 공부하는 마인드로 읽고 싶은 경우에는 모르는 단어가 4~5개 정도 있는 원서를 선택한다. 이렇게 선택하면 실패할 확률이 적다. 오랫동안 영어를 놓아 자신의 정확한 수준을 모르겠고, 어떤 원서를 선택해야 할지 막막하다면 서점에 가서 원서 하나를 골라 아무 페이지나 펼쳐 쭉 읽어보자. 자세히 독해할 필요는 없다. 모르는 단어가 한 페이지에 몇 개나 있는지 세어보자. 그 페이지에 모르는 단어가 2~3개 정도이면 원서 리딩을 위해 선택해도 좋다. 물론 이렇게 원서를 선택했다 해도 읽다보면 모르는 단어가 3개 이상인 페이지를 만날 때도 있다. 하지만 지금까지의 경험으로 미루어보아 그런 페이지는 많지 않다.

아이에게 책을 읽어주다 보면 아이들이 보는 동화책임에도 모르는 단어가 한 페이지에 2개 이상이 있어 놀랄 때가 있다. 그런 경우, 모르는 단어를 따로 적어놨다가 암기하며 공부를 한다. 우리 아이는 '공룡'을 무척이나 좋아해 도서관에서 공룡에 관한 책을 매주 5~6권 빌려오는데, 공룡의 이름이야 한글로도 어려우니 그러려니 하지만, 공룡이 포효하는 다양한 단어와 움직임에 따른 단어들의 차이점을 동화책을 통해 익히곤 한다. 아이가 좋아하는 《Dinosailors》란 책에 나오는 한 구절을 소개한다.

Dinodiners in the galley Do not stop to dillydally.
Grabbing grub, they gobble up, Gripping dinofork and cup.
—
주방에서 저녁을 먹는 공룡들은 느리게도 먹는다.
음식을 움켜쥐고서, 공룡 포크와 컵을 쥐고서 게걸스럽게도 먹는다.

어린아이를 둔 엄마라면 아이의 눈높이에 맞는 영어 동화책으로 공부를 시작하는 것도 좋은 방법이다. 꼭 어른들이 보는 두꺼운 원서로 영어 공부를 할 필요는 없다. 영어 동화책은 쉽고 문장이 간단하면서도 동의어와 의성어, 의태어가 다양하게 나와 실생활에 유익한 단어들을 익히고 배우는 데 도움이 된다. 아이가 영어를 잘하는 경우, 아이가 영어를 처음 접하는 경우 등 상황에 맞게 원서를 골라 읽어본 뒤 선택하면 된다.

원서 리딩을 시작한 뒤 여동생에게서 새롭고 유익한 아이디어들을 얻고 있다. 우리는 매달 리더를 바꿔가며 원서를 선택하고 리딩을 이끌어나간다. 여동생이 첫 번째로 선택한 책은 《Number the stars》라는 틴픽션(teen fiction)이었다. 솔직히 고백하자면, 원서 리딩을 시작하기 전까지는 서점에서 틴픽션 코너를 단 한 번도 살펴본 적이 없다. 철부지 사춘기 아이들에게나 맞는 유치한 책이라는 선입견 때문이었다. 여동생은 《Number the stars》를 권하며 이렇게 말했다.

"나치에 대한 암울한 시대상을 우리나라의 일제강점기와 연결해서 리뷰해보고 싶어."

괜찮겠다는 생각에 그러자고 했지만 사실 첫 페이지를 읽기 전까지 틴픽션에 대한 오래된 선입견을 내던질 수 없었다. 하지만 첫 페이지를 시작으로 원서를 읽는 내내 감동에 감동을 거듭했다. 일단 문장이 짧았고, 분량도 부담스럽지 않았다. 스토리가 명쾌했고, 캐릭터들도 재미있었다. 무엇보다 어둡고 우울한 시대의 이야기를 아이들의 눈을 통해 녹여낸 작가의 참신함이 좋았다. 왜 이 책이 동화책 분야의 '노벨문학상'이라고 불리는 '뉴베리상'을 수상했는지 그 이유를 분명히 알게 되었다.

그 후에도 여동생은 몇 권의 틴픽션을 더 소개했고, 그때마다 나를 비롯해 블로그 구독자들에게 좋은 호응을 받았다. 만약 두꺼운 원서가 어렵고 재미가 없다면 틴픽션 쪽으로 눈을 돌려볼 것을 권한다. 우리 가족이 자주 방문하는 도서관에서는 여름 방학 때마다 연령별 추천 도서를 공지하는데, 작년 여름 청소년 추천 도서에 여동생이 선택한 모든 틴픽션이 이름을 올렸다.

요즈음은 서점에 가면 좋아하는 분야의 신간들을 쓱 한 번 훑어보고 틴픽션 코너로 가 미소를 지으며 괜찮아 보이는 책을 찾곤 한다. 아이와 함께 도서관에 갈 때도 'Children's Room' 코너 한쪽에 위치한 청소년 권장 도서 코너를 빼놓지 않고 들러 한두 권을 빌려 오곤 한다. 아이가 조금 더 크면 고전이라 불리는 《오만과 편견》보다 《Number the stars》를 먼저 읽을 테니, 미리미리 유명한 그리고 재미있는 틴픽션을 많이 읽어두면 좋을 것 같다.

이 책을 쓰기 시작할 때, 사실 책의 목차보다 이 책과 함께 읽어보면 좋을 원서를 고르는 것이 더욱 고민이 되었다. 블로그를 통한 리뷰, 여동생과의 원서 리딩이라면 오랜 고민 없이 내가 읽어본 원서, 읽어보고 싶은 원서 중에서 선택했겠지만, 이 책을 읽을 대상의 연령대는 어떤지, 대상의 관심사는 무엇인지, 대상의 영어 실력은 어느 정도인지 알 수 없다는 불명확성 때문에 동네 서점을 뻔질나게 드나들며 온갖 종류의 책을 보고, 또 보았다. 그러던 어느 날, 내 눈에《이솝우화》가 들어왔다.

누구나 재미있게 읽을 수 있는 오래된 원서인《이솝우화》는 총 284편의 에피소드로 구성되어 있다.《이솝우화》를 한 달 안에 다 읽기 위해서는 하루에 9~10편 정도를 읽어야 하는데, 언뜻 생각하기에는 많게 느껴지지만 에피소드 자체가 짧고 재미있어 마음만 먹으면 충분히 읽을 수 있다. 무엇보다 어린 시절부터 듣고 보아온 익숙한 동화가 대부분이라 재미도 있고, 독해도 어렵지 않아 읽는 데 매우 수월하다. 페이지가 처음부터 끝까지 연결된 것이 아니라 에피소드별로 끊어져 있기 때문에 명쾌하고, 날마다 나눠 읽기도 편하다. 게다가 많은 동물이 등장해 교훈을 주는 책이다 보니 아이와 함께 재미있게 읽을 수 있다. 아이에게 읽어주기 전에 엄마가 먼저 영어 공부를 하여 해석하고 이해한 후에 아이의 눈높이에 맞춰 함께 읽거나 이야기를 들려줄 수 있는 좋은 책이다.

본격적으로 원서를 고르고 리딩을 시작하기 전에 한 번쯤 자신의 영어 실력과 더불어 원서 리딩에 대한 꾸준함을 테스트해보고자 한다면《이솝우화》를 우리와 함께 한 달 동안 매일매일 읽어볼 것을 권한다. 블로그에 원서 리뷰를 소개하는 방식으로 축약해 우리 나름의 기준으로 선정한 중요한 에피소드들과 그에 따른 직역 해석, 사전에서 찾아본 단어의 영어/영한 의미, 에피소드 속에서 선택한 주요 문장을 이 책 뒷부분에서 부록으로 함께하고자 한다.

처음부터 원서를 선택하는 과정 자체를 어렵게만 생각할 것이 아니라, 자신의 상황에 맞게 아이들과 함께할 수 있는 원서를 선택해서 읽어가며 그 안에서 영어 단어와 표현을 익히는 것으로 워밍업을 해보자. 그러다가 조금씩 자신감이 더해지면 각자 레벨에 맞는 원서로 나아가자. 너무 어려운 원서로 시작하면 한 권을 다 읽기도 전에 재미를 잃어 포기할 가능성이 크다. 자신에게 맞는 원서를 고르는 것, 이것이 원서를 통한 영어 공부에 있어 가장 기본적인 과정이자, 가장 어려운 과정이라고 감히 말할 수 있다. 이런 과정들이 반복되고 익숙해지다 보면 자신에게 맞는 원서를 어렵지 않게 고를 수 있게 된다. 원서를 고르는 시간을 하나의 공부 과정으로 생각하고, 앞서 이야기한 다양한 방법을 적용해 시도해보길 바란다.

숫자 '1'이
불러오는 마법

내가 아이를 낳고 가장 많이 본 책은 그 흔한 육아서가 아니라 《마담 퀴리》라는 전기다. 육아서를 통해 얻은 지식을 아이에게 적용하는 과정에서 아이도, 나도 스트레스를 받은 후에는 책장에서 육아서를 없애고 그 자리에 엄마로 성장하면서 참고하면 좋을 만한 책들을 꽂아 놓기 시작했다. 그중 가장 앞에 위치한 책이 바로 퀴리 부인의 둘째 딸이 엄마의 인생을 기록한 《마담 퀴리》다. 엄마가 되고 보니 다른 엄마들은 어떻게 아이를 키울지, 어떻게 시간을 내 자신을 발전시켜 나갈지 궁금해졌다. 그러한 궁금증을 안고 《마담 퀴리》를 펼쳤을 때, 흥분되어 속으로 '유레카!'를 외쳤다. '세계적인 여성 과학자'라는 타이틀 이면에 숨겨져 있던 엄마로서의 고뇌, 나와 크게 다르지 않은 생활 속 면면들이 커다란 감동을 주었다. 더불어 집중과 시간의 활용성에 대한 주의를 환기시켜주었다.

가장 재미있었던 에피소드 중 하나는 요리에 대한 것이었다. 아이를 낳고 해야 할 일이 너무 많아지자 그녀는 자신만의 시간을 만들기 위해 머리를 싸매고 노력했다. 그녀는 가족들이 먹을 음식을 직접 만들어야 했는데, 불 앞에 서서 하나하나 지켜봐야 하는 시간이 너무 아깝고, 그럴 시간도 없어 오븐의 불 조절을 연구하여 요리 식재료와 구움 정도의 관련성을 고민한 뒤 오전 시간 동안 오븐에서 익혀 점심 시간에 맞춰 먹을 수 있는 음식들을 개발했다.

또한 그녀는 그렇게 바쁜 와중에도 아이들이 성장할 때까지 매일 저녁마다 아이들의 발달 사항을 꼼꼼하게 체크해서 잊지 않고 메모하고 일기를 썼다. 아이들이 잠을 잘 자지 않는다고, 이가 나서 칭얼거린다고 가족에게 푸념하는 편지도 책 속에 들어 있었는데, 그것을 읽으며 '아, 나와 같은 엄마였구나' 하는 생각에 미소가 절로 지어졌다.

세계적인 과학자도 아이를 낳고 나서는 우리와 똑같은 '엄마'인 한 사람이었지만 그녀는 '엄마'의 역할을 하며 여성 과학자로서 최초로 노벨상을 탔고, 보수적이었던 소르본느 대학의 최초 여성 교수라는 역사를 쓰며 과학사에 지대한 공헌을 했다. 그녀가 엄청난 업적을 이룬 것은 짧은 시간도 헛되이 쓰지 않았기 때문이란 생각이 든다. 그녀는 짧은 시간도 효과적으로 쓰기 위해 항상 고군분투했다.

분야를 막론하고 짧은 시간이 주어진다면 그 시간을 어떻게 쪼개고, 더 쪼개 내가 하고자 하는 일을 가장 효율적으로 해낼 수 있을지 고민하는 사람이 진정한 프로라는 사실을 《마담 퀴리》를 통해 배울 수 있었다. '아, 이 시간으로는 아무것도 할 수 없어'라며 짧은 시간 앞에 굴복하고 비생산적으로 시간을 흘려보내는 것은 일상을 포기하는 것과도 같다는 생각을 품게 되었다.

나는 아이를 배 속에 품고 나서 함께 회사를 운영하는 친구들의 도움으로 재택근무를 선택할 수 있었다. 처음에는 '재택근무가 육아를 하는 데 있어 조금이나마 여유를 가져다주지 않을까?' 하고 핑크빛 환상을 가졌다. 하지만 막상 아이를 낳고 엄마가 되고 보니 그것은 그저 환상이었다는 사실을 깨달을 수 있었다. 아이가 자는 동안 죽어라 일해야만 간신히 일을 마칠 수 있었다. 회사와 집의 경계선이 불분명하다 보니 남편처럼 집에서는 조금 느긋하게 쉴 수조차 없었다. 한동안은 육아를 하며 혼자 24시간 고군분투하고 있다는 억울한 생각마저 들었다.

아이를 데이케어에 보내고 난 후에도 아이가 집으로 돌아오는 오후 4~5시까지 화장실 갈 시간조차 아껴가며 살았다. 시간에 쫓기고 허덕이며 새벽까지 일하는 나날을 보냈다. 상황이 이렇다 보니 영어 공부를 하겠다고 결심했음에도 따로 시간을 낼 수 없는 형편이었다. 그래서 나는 매일 자투리 시간이 나면 무조건 영어 공부에 투자하기로 마음먹었다. 그러려면 그때그때 찾아오는 빈 시간을 잘 활용하는 것을 습관처럼 익히고 생활화하는 것이 무엇보다 중요했다. 아이가 잠깐이라도 혼자 놀려고 할 때는 구태여 방해하지 않고 원서를 펼쳐 한 문장이라도 읽었다. 아이가 다가와 "엄마, 스토리 put away!"라고 하기 전까지는 모른 척하고 한쪽 눈으로는 아이를, 다른 한쪽 눈으로는 원서를 보았다. 엄마가 되면 이렇게 소머즈가 된다. 그래봤자 아이가 혼자 노는 시간은 고작 5분 내외이지만, 그렇게 5분이 쌓이고 쌓이면 결코 무시할 수 없는 공부 시간이 된다.

　나는 하루에 5페이지 정도를 목표로 생각하고 원서를 읽곤 한다. 어떨 때는 따로 시간을 내지 않아도 아이와 놀이를 하며 틈틈이 5페이지를 다 읽어버린다. 그렇게 되면 아이가 잠을 자는 시간에 중요한 단어나 문장을 몇 분 내로 체크하기만 하면 된다. 이렇게 시간을 활용하기 시작하면서 시간이 없다고 푸념만 하고 있을 것이 아니라 좀 더 효율적으로 아이와 시간을 보내고 일과를 빨리 마무리할 수 있는 방안을 찾는 것이 중요하다는 교훈을 얻었다.

　이렇듯 짧은 시간을 활용한 방식은 곧 '원서 리딩의 습관화'로 자리 잡게 되었고, 매달 빠짐없이 블로그를 통해 원서 리뷰를 이어갈 수 있는 원동력이 되었다. 영어 공부를 하겠다고 마음먹었고, 자신에게 맞는 원서도 한 권 준비되었다면 그다음에는 '원서 리딩의 습관화'가 반드시 필요하다.

처음부터 너무 욕심을 내 무리하게 계획을 세울 필요는 없다. 분량이 적은 원서라 해도 한 달을 목표로 천천히, 차근차근 무리하지 않고 읽는 것이 중요하다. 원서를 집어 들어 읽는 습관을 들이는 것이 우선이므로, 자신의 일과 중 한 부분을 할당하는 연습을 꾸준히 해보자.

얼마 전에 전 세계적으로 유명한 비즈니스 컨설턴트이자 자기계발서 분야의 베스트셀러 작가 브라이언 트레이시(Brian Tracy)의 《백만 불짜리 습관》을 읽었다. 나는 이 문장에 밑줄을 그었다.

"당신이 반복하는 모든 것은 새로운 습관이 된다."

이 문장은 '습관의 법칙'에 대한 설명 중 일부인데, 좋은 습관이란 배움과 일정 시간의 노력으로 습득될 수 있다는 것이다. 이 법칙을 원서 리딩 습관에도 적용해보자면, '원서를 하루에 한 시간씩 읽자!', '원서를 하루에 2시간씩 읽자!'고 실천하기 어려운 거창한 계획을 세우지 말고, 짬짬이 시간을 내 조금씩이라도 읽는 것이 중요하다. 그것이 습관이 되어 익숙해지면 육아와 병행하며 조금이라도 낭비되는 시간 없이 꽉 찬 하루를 보낼 수 있지 않을까?

여동생과 나는 미리 계획을 세워야 했기 때문에 늘 한 달 먼저 다음 달에 리뷰를 올릴 원서를 읽고 마무리하는 것에 익숙해졌다. 나의 경우, 일단 읽어야 하는 원서의 총 페이지 수를 30일로 나눈다. 내가 생각하기에 장이나 소제목으로 나누는 것은 시간이 있을 때나 가능한 건설적 계획이다. 나는 총 페이지를 30으로 나눠 매일 읽어야 하는 페이지 수를 다이어리에 적어놓고 기억한다. 여동생의 경우도 나와 별반 다르지 않았다. 그다음에는 무슨 일이 있어도 그 페이지 수만큼은 무조건 읽어내겠다는 다짐이 필요하다. 나는 원서 리딩을 시작할 때 할당된 페이지 수를 다 읽지 못하면 잠을 자지 않겠다고 결심했다. 그렇다 보니 늘 잠이 부족한 내가 잠자는 시간을 빼앗기지 않기 위해서라도 낮 동안 최선을 다해 시간을 빈틈없이 활용하고 원서를 읽는 데 투자하게 되었다.

하루에 읽어야 하는 페이지 수 = 원서의 총 페이지 수 ÷ 30일

예를 들어, 우리는 얼마 전에 스펜서 존슨(Spencer Johnson) 박사가 쓴 세계적인 베스트셀러 《Who moved my cheese?》를 선택했다. 이 책은 100페이지가 조금 안 되는 포켓북이다. 100페이지를 30으로 나누면 하루에 읽을 분량은 3~4페이지 정도다. 하루에 3~4페이지만 읽으면 한 달 안에 무리 없이 한 권의 책을 끝낼 수 있다는 사실이 놀랍지 않은가? 당장은 3~4페이지가 많게 느껴질 수도 있지만 아이와 놀아주면서도, 화장실에서 볼일을 보면서도 금세 읽을 수 있는 분량이다. 휴대폰과 텔레비전만 조금 멀리 한다면 몇 분 안에 끝낼 수도 있다. 시작하기도 전에 '아휴, 100페이지나 되네. 이걸 언제 다 읽어'라고 생각하면 그 어떤 원서도 끝까지 읽을 수 없다. 100페이지보다 훨씬 적은 20페이지짜리 원서도 부정적인 마음으로 접근한다면 결코 한 달이라는 제한된 시간 내에 마무리 지을 수 없다. 페이지가 많게 느껴져도 30으로 나누고, 자신에게 주어진 시간을 알차게 활용하겠다는 굳은 마음을 갖는다면 어떤 원서든 습관처럼 읽고 공부해서 한 달 안에 끝을 볼 수 있다.

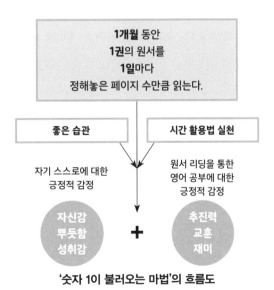

'숫자 1이 불러오는 마법'의 흐름도

매일 원서를 틈틈이 읽는 좋은 습관을 기르겠다는 마음가짐과 굳은 결심으로 '숫자 1이 불러오는 마법'을 경험해보자. 여기서 숫자 1은 '1개월 동안, 자신의 수준에 맞는 1권의 원서를 1일, 즉 매일매일 읽어나가는 것'을 뜻한다. 이 과정을 통해 좋은 습관을 몸에 익히고, 자신의 시간을 효율적으로 활용할 수 있는 방법을 깨우쳐 나가면서 스스로조차 놀랍도록 달라져 가는 멋진 마법의 세계를 경험하는 것, 이것이 우리가 만든 '숫자 1이 불러오는 마법'에 대한 정의다.

　이 마법의 결과는 일단 원서 한 권을 다 읽었을 때 가질 수 있는 자신감과 뿌듯함 그리고 무언가를 해냈다는 성취감이다. 이러한 감정이 쌓이면 또 다른 원서도 읽을 수 있을 것 같다는 추진력이 생긴다. 원서 리딩을 하는 동안 문장에서 얻은 교훈, 번역서가 아닌 원서로 읽음으로써 깨닫게 되는 다양하고 독특한 재미도 빼놓을 수 없다. 이 과정이 익숙해지면 앞서 말한 '원서 리딩의 습관화'로 자리 잡히게 된다. 게다가 시간 활용 면에서도 스스로에게 높은 점수를 줄 수 있을 테니 육아를 하며 자존감이 무너졌던 엄마들에게는 긍정적인 영향으로 작용할 수 있으리라 생각한다. 여러분도 '숫자 1이 불러오는 마법'의 문을 활짝 열고 용감하게 입문할 수 있기를 바란다.

리딩메이트와 함께
공부하는 법

눈을 감으면 학창 시절 가장 행복했던 시간이 떠오른다. 매달 한 번씩 아빠와 함께 시내 서점에 갔는데, 나에게는 가장 행복하고 기다려지는 날이었다. 아빠가 운전하시는 차 안에 앉아 학교 이야기, 공부 이야기 등을 구구절절 늘어놓다 보면 어느새 서점에 도착했다. 아빠는 우리가 책을 사는 것을 조금도 아까워하지 않으셨다. 그 덕분에 나는 서점에 갈 때마다 참고서와 문제집, 읽고 싶은 책을 모조리 살 수 있었다. 매달 서점에 간 것이 왜 지금도 생생히 기억나고 행복한 추억이 되었을까 생각해본 적이 있다. 좋아하는 책을 용돈 걱정 없이 살 수 있었다는 이유도 있지만, 그보다는 아빠와 차 안에서 나눈 2~3시간의 대화 때문이라는 걸 깨달았다. 부모와 자식 간에 가장 필요하고 소중한 시간은 함께 대화하고 웃을 수 있는 시간이 아닐까 싶다.

나는 과거의 경험을 바탕으로 아빠의 반만큼이라도 아이에게 행복한 추억을 쌓아줄 수 있는 엄마가 되길 늘 꿈꾼다. 그래서 아이를 키우며 로망이 생겼다. 금요일 오후 학교를 마친 아이를 픽업해 도서관이나 서점에 가서 각자가 원하는 책을 읽으며 시간을 보내다 집으로 돌아오는 것, 아이가 사고 싶어 하는 책이 있으면 그 책이 무엇인지, 왜 사야 하는지 채근하지 않고 바로 계산대에 가서 결제를 하고 책이 담긴 봉투를 아이에게 건네주는 것. 군것질거리를 사 먹으며 학교에서 있었던 일, 일터에서 있었던 일을 끊임없이 주고받는 것… 이것이 바로 나의 로망이다. 아이가 조금 더 크면 아이가 선택한 책을 함께 읽고 생각을 주고받는 시간도 갖고 싶다. 아이가 나의 리딩메이트가 되었으면 좋겠다는 부푼 꿈도 가져본다.

원서 리딩을 하면서 내가 가장 잘한 일은 여동생을 리딩메이트로 선택한 것이다. 무슨 일을 하든 함께 나아갈 동반자가 필요하다. 미국에서 여러 대학원을 거치는 동안, 운이 좋게도 내 주변에는 늘 열심히 하는 친구들이 있었다. 가장 가깝게는 남편이 있었고, 마지막 학위를 마칠 때는 부지런한 중국인 친구와 늘 함께했다. 유학 생활

중 같은 대학원 연구소에서 만난 남편과 나는 매일 연구소에서 함께 공부하며 데이트를 했다. 내가 대학원을 옮기고 나서도 남편은 연구소에서 가장 늦게 나오는 사람으로 유명했다. 그런 남편을 따라 나 역시 열심히 살았다. 법과 금융 관련 대학원에서 공부할 때는 새벽같이 도서관에 나와 도서관 문이 닫을 시간에야 자리에서 일어나는 중국인 친구와 함께했다. 나는 그녀를 보며 늘 자신을 다잡았고, 도시락을 2개씩 싸와 밥 사먹는 시간도 아껴가며 고3 때보다 더욱 치열하게 공부했다. 긴 유학 생활에 이들과 같은 동반자가 없었다면 겉돌거나 힘들었을 것 같다는 생각을 자주 한다. 그래서 영어 공부를 하겠다고 결심하고 나서 여동생에게 SOS를 보낸 것이다. 여동생은 조카를 위해서라면 어떠한 희생도 마다하지 않는 '조카 바보'라 조카를 위한 공부라는 나의 말에 기다렸다는 듯 수락했고, 그렇게 우리는 함께 영어 공부를 시작했다.

여동생과 함께 읽고, 토론하고, 매일 이메일을 통해 이런저런 이야기를 나누다 보니 우리는 예전에 비해 더욱더 돈독해졌다. 나는 여동생을 '자매님'이라고 부른다. 여동생은 나의 베스트 프렌드이자, 소울메이트이자, 가장 강력한 조언자다. 이건 명백한 사실이다. 여동생은 늘 객관적이고 다양한 시각으로 여러 복잡한 관점을 바라보며 현실적으로 사고하는 반면, 나는 일단 저지르고 보는 충동적인 스타일이라 티격태격하는 일이 많다. 하지만 지금까지 함께하면서 모두에게 발전적인 방향으로 원서를 통한 영어 공부를 하고 있다. 나는 영어 공부를 시작하려는 사람들에게 동반자인 리딩메이트를 만들 것을 강력하게 추천한다. 주변에서 가장 가까운 사람도 좋고, 편안한 사람도 좋다. 혹 함께할 만한 사람이 없다면 나와 여동생이 연재하고 있는 블로그를 활용하는 것도 한 방법이다. 우리의 블로그는 다양한 정보를 공유하며 간접적인 리딩메이트 역할을 하고 있다.

리딩메이트는 영어 수준보다 신뢰가 가장 중요하다. 여동생과 원서 리딩을 하며 여기까지 오다 보니 영어 수준은 사실 가장 사소한 점이 되어버렸다. 나는 미국에서 18년을 살며 매일 영어를 사용하고 있고, 여동생은 6개월 동안 어학연수를 한 것이 전부인지라 비교할 수 없는 갭이 느껴질 것이라 생각하겠지만 결코 그렇지 않다. 물론 리딩 속도나 내용을 이해하는 것은 내가 여동생보다 나을 수 있을지 몰라도, 여동생이 선택하고 이끌어가는 원서의 리뷰를 보면 너무 흥미로워 시간 가는 줄 모르고 몰입해 읽게 된다.

나의 영어 레벨은 10인데, 상대방의 레벨은 1이라서 서로의 리딩메이트가 될 수 없다는 선입견은 일치감치 버리는 것이 좋다. 영어 수준보다는 서로에 대한 지나친 경쟁심과 불신이 오히려 혼자서 영어 공부를 하는 것보다 마이너스 효과를 낼 수도 있다고 생각한다. 원서 리딩을 통한 영어 공부는 생각보다 긴 여정이기 때문에 함께할 수 있는 리딩메이트를 신중하게 선택하고, 서로 격려해가며 끝까지 완주하는 것을 목표로 삼는 것이 우선적으로 필요하다.

그렇다면 얼마나 많은 리딩메이트를 만들어야 할지 고민이 될 수도 있다. 나는 너무 많은 리딩메이트는 오히려 독이 될 수도 있다고 생각한다. 배가 산으로 갈 수 있는 요건이 다분해진다. 내가 생각하기에 가장 적절한 리딩메이트 수는 2~3명이다. 나와 여동생처럼 마음이 척척 맞는 사람과 함께 공부하면 시너지 효과가 클 것이다. 인원이 너무 많으면 의사소통을 하는 데도 시간이 오래 걸릴 뿐 아니라 서로의 방향성에 큰 이의가 생겨 중간에 모임이 깨질 수도 있다.

대학원 시절, 오랫동안 스터디 그룹에 참여했다. 다양한 스터디 그룹을 만들고 참여해본 경험에 의하면, 참가 인원수가 많다고 해서 그 스터디 그룹이 더 활성화되거나 좋은 결과가 나타난 것은 아니었다. 정확한 시간을 통보했음에도 제때 오지 않는 사람들로 인해 모임 시간이 지체되기도 했고, '내가 하지 않아도 다른 사람들이 해오겠지'라는 안일한 생각이 들어 스스로 공부하는 데도 소홀한 면이 없지 않았다. 게다가 시간이 흐를수록 마음이 맞는 사람, 그렇지 않은 사람들이 나뉘어 분열이 생겼다. 좋은 의도로 시작했지만 결과적으로 얼굴을 붉히며 흐지부지되는 경우가 많았다. 하지만 참가 인원수가 적으면 여러 면에서 효율적이다. 불협화음이 생겨도 한자리에 모여 진지하게 대화를 나누며 풀어나갈 수 있다. 따라서 자신을 제외한 한두 명 정도의 범위에서 적당한 리딩메이트를 찾아 함께 공부해볼 것을 추천한다.

  그렇다면 리딩메이트와 어떻게 원서를 선택하는 것이 좋을까? 여동생과 나는 매달 돌아가며 리더를 맡고, 리더가 자신이 읽고 싶은 원서를 선택한다. 원서를 선택하는 과정이나 결과도 어찌 보면 서로의 관계와 영어 공부에 있어 주도권을 가질 수 있게 된다. 그렇다 보니 영어를 잘하는 누군가가 매번 리딩을 이끌어나가는 것보다는 번갈아가며 리더를 맡고, 서로 다양한 책을 공유하며 의논해서 선택하는 것이 가장 바람직하다. 리더는 자신이 관심 있는 원서에 대해 사전에 충분히 조사한 후 선택해야 하고, 한 달 안에 끝까지 읽을 수 있도록 독려하는 역할을 해야 한다.

  우리는 매달 블로그에 해당 원서에 대한 처음과 마지막 포스팅은 리더가 한다. 매달의 처음은 '프롤로그'라는 형식으로 이달의 원서를 소개하는 시간을 가지는데, 책을 선택한 이유, 작가 소개, 줄거리를 소개하며 앞으로 한 달 동안 이어질 리뷰의 시작을 알린다. 그 후에는 주마다 나와 여동생이 각자의 관점으로 원서를 리뷰하고, 매달 마지막은 리더가 '책터뷰'라는 형식으로 서로에게 묻고 싶은 질문을 정리해 포스팅한다. 원서를 읽기 시작하는 것도 중요하지만 원서를 다 읽고 난 뒤 어떻게 마무리하느냐도 매우 중요하기 때문에 책터뷰는 리딩에 있어 흥미로운 마지막 단계가 된다. 우리처럼 책터뷰를 통해 서로에게 질문하고 답하며 마무리하는 것도 좋고, 리더가 기억에 오래 남을 수 있게 간단하게 정리해주는 것도 좋다.

　그룹으로 원서 리딩을 한다고 하면 한 권을 N명의 참가 인원이 나눠 읽고 돌아가며 브리핑하는 것으로 오해하는 사람도 있다. 이런 방식은 자신이 맡은 부분만 열심히 읽게 된다는 치명적인 단점이 있다. 이는 우리가 추구하는 방식이 아니다. 한 달 안에 읽기로 결정한 원서는 무조건 처음부터 끝까지 다 읽는 것을 목표로 해야 한다. 우리는 블로그에 리뷰 게시판을 각자 따로 만들어 자신만의 관점으로 좋은 문장을 뽑고, 문장을 해석할 때 필요한 팁들을 기록하고 있다. N분의 1로 나눠 정리하지 말고, 이처럼 한 권을 모두 읽은 후에 자신의 관점에 따라 다양한 의견을 주고받으며 토론하는 것이 좋다. 이 방식이 익숙해지고 원서 리딩이 습관화되어 리딩메이트와 믿음이 쌓이면 그때는 전체를 리뷰하는 대신 정해진 분량을 리뷰하며 시간을 아끼는 방식도 도움이 될 것이다. 어찌 되었든 우리의 목표는 한 달에 한 권의 원서 리딩을 통해 영어 실력을 향상시키는 것임을 잊지 않았으면 좋겠다.

또 하나, 원서 리딩을 함께하는 사람들이 제각각 자신의 스타일대로 정리한 노트를 만들고 공유하면 좀 더 재미있고 새롭게 공부를 할 수 있을 것이라 생각한다. 이런 의도로 우리도 올해 들어 각자 노트를 만들기 시작했다. 나는 블로그에 올린 포스팅들을 정리해서 좋은 문장들을 추리고, 해석에 필요한 팁들을 동영상으로 짧게 제작해 유튜브에 올리고 있다. 여동생은 매일 읽은 분량 중에서 자신이 몰랐던 단어나 해석하면서 느낀 좋은 문장들 혹은 어려웠던 문장들을 정리해 매달 PDF 파일로 블로그에서 나눔을 하고 있다. 노트 정리는 현재 읽고 있는 원서의 이해도를 높일 수 있고, 더불어 리딩메이트의 원서 리딩에도 여러모로 도움이 될 수 있는 방법이기에 한 번쯤 고민해볼 것을 추천한다.

사정이 안 되어 리딩메이트를 만들 수도 없고, 우리의 블로그를 통한 간접적인 리딩메이트는 강제성이 없다 보니 흐지부지되어 실패하고 말 거라고 생각하는 사람도 있을 것이다. 그렇다고 해서 영어 공부를 놓을 수도 없다면 과연 어떻게 하는 것이 좋을까? 여동생은 자신의 이야기를 들려주었다. 여동생은 나와 함께 원서 리딩을 하고 있음에도 매일매일 목표한 페이지 수까지 읽으면 카페에 가서 커피를 한 잔 사 마시며 숨을 돌리거나 떡볶이 같은 군것질거리를 사 먹으며 행복을 느낀다고 한다. 또한 자신이 리더로 진행하는 책 리뷰가 끝난 후에는 립스틱 등 평소 사고 싶었던 것을 스스로에게 선물하며 보상을 한다고 한다.

이런 과정을 전문적인 용어로 '보상 심리'라고 하는데, 심리학에서는 이와 같은 과정을 SEE(Significant Emotional Experience) 이론이라고 한다. 이 이론을 통해 많은 학자들이 '경험'과 '보상'에 대해 좋은 방향성을 제시하고 있다. 예를 들어, 뜨거운 물에 손이 데인 경험이 있다면 다시는 뜨거운 물에 손을 넣지 않음으로써 무의식적인 습관이 된다는 것이다. 이 예를 바꿔 설명해보면, 어떤 행동을 한 후에 받은 기쁨이나 행복을 통해 계속해서 그 행동을 하게 됨으로써 습관이 되고, 결국은 긍정적인 결과를 얻을 수 있다는 것이다.

이 이론을 혼자 공부하고자 하는 분들에게 적용해보면, 앞서 말한 여동생의 예처럼 자신의 목표를 정확히 세부적으로 세운 후에 짧게는 하루, 길게는 한 달 이내에 목표를 모두 이루었을 경우, 스스로에게 보상을 해주는 것이다. 이 과정이 제대로 자리 잡고 서서히 원서리딩에 대한 재미가 붙으면 보상 기간을 늘리거나 보상 가치를 줄여도 자신이 쌓아온 시간에 대한 습관화가 계속해서 영어 공부의 길로 인도해줄 것이다.

육아를 시작할 때 인터넷을 통해 소위 '육아템'이라고 하는 것들을 찾아보고, 이것저것 구매해본 경험이 누구에게나 있으리라 생각한다. 나는 아이를 재우는 게 너무 힘들어 바운서를 여러 개 구매한 경험이 있다. 하지만 이게 좋다, 저게 좋다고 해서 구매한 육아템보다 나에게 큰 힘이 되어준 존재는 바로 남편이었다. 원서 리딩을 통해 영어 공부를 함에 있어서도 집중에 도움이 된다는 다양한 아이템보다 현실적으로 큰 힘이 되어준 존재는 함께 생각을 나누고 지식을 공유한 여동생이었다. 마라톤 선수에게 가장 중요한 것은 가벼운 운동화도, 땀을 기막히게 잘 흡수하는 운동복도 아니다. 옆에서 함께 뛰고 지치지 않게 발맞춰 도움을 주는 페이스메이커가 가장 현실적인 조력자다. 주변을 둘러보라. 함께 목표를 공유할 수 있고 마음이 잘 맞는 사람을 리딩메이트로 선택할 수 있다면 기나긴 원서 리딩 과정에서 분명 든든한 조력자가 되어줄 것이다.

2

조금씩이라도
매일 하는
습관을 만든다

시간은 나는 것이 아니라
내는 것

"아일린, 엄마는 아일린이 자는 동안 잠깐 나가서 일하고 올 거야. 일어나서 엄마 없다고 울지 말고 아빠와 잘 놀고 있어야 해!"

　나의 말을 이해했는지 모르겠지만 아이는 고개를 끄덕이고는 낮잠을 자기 시작한다. 그런 아이를 뒤로하고 살금살금 방에서 나와 옷을 챙겨 입고는 남편에게 인사한 뒤 동네 서점으로 향한다. 서점 안에 있는 카페에 자리를 잡고 커피 한 잔을 시킨다. 그리고 원서 리딩을 하거나 글을 쓰면서 2~3시간 나만의 시간을 보낸다. 집으로 돌아가는 길에 마트에 들러 장을 보고, 기분 좋게 집으로 들어가 아이와 남편에게 웃으며 인사한 뒤 저녁 식사를 준비한다. 이게 바로 우리 집에서 일어나고 있는 주말 오후의 모습이고, 소위 말하는 '주말 남편 사용법'을 내가 실천하고 있는 모습이다.

남편은 늘 바쁘다. 대학교수는 자유롭게 개인 시간을 조정할 수 있다고 생각하는 사람이 많은데, 절대 그렇지 않다. 시간에 쫓기며 사는 것은 회사원과 마찬가지다. 아니, 그 이상일 때가 많다. 박사 과정에 있을 때부터 남편은 지독한 일벌레였다. 아이가 태어나기 전에는 주말에도 도시락을 싸서 학교 연구실에 나가곤 했다. 학교 근처로 이사하고 아이가 태어나고부터는 되도록 저녁 5시에 잠시 집에 들러 아이를 봐주고 함께 저녁 식사를 먹고는 다시 학교로 돌아가 일을 한 후에 늦은 밤이나 새벽에 귀가했다. 그래서 하루는 남편과 의논을 했다.

"주중에는 내가 아이를 픽업해서 밤잠까지 혼자 재워볼게. 집에 다녀가는 시간을 아껴서 일에 집중하고 조금 일찍 집에 와서 쉬는 게 어떨까? 그리고 피곤하겠지만 주말 오후에는 2~3시간 정도 혼자 아이와 놀아주었으면 좋겠어."

사실 어려운 협상이었다. 주중에는 일을 하고, 주말에는 아이를 보라는 말로 들릴까봐 남편에게 많이 미안했다. 하지만 남편은 나의 제안을 흔쾌히 받아들였고, 이 책을 쓰기 시작하면서부터는 주말 오전 시간도 남편이 아이를 전담해주었다. 덕분에 나는 수월하게 글을 쓸 수 있었다.

하지만 우리 가정에 '주말 남편 사용법'이 자리 잡기까지 시련의 순간이 꽤 잦았고, 깊었다. 나는 남편과 큰 다툼을 한 적이 거의 없었다. 연애할 때부터 남편은 내 의견을 많이 따라주었고, 결혼 후에도 문제가 발생하면 대화를 나누며 합리적인 선에서 풀려고 노력했다. 하지만 아이가 태어나면서부터 우리 부부 사이는 조금씩 삐거덕거리기 시작했다. 내가 육아와 살림의 고충을 호소할 때마다 남편은 아무렇지 않게 "내가 많이 도와주고 있잖아!"라고 말했다.

그러던 어느 날, 가슴에 쌓아두고 억눌러온 화가 머리끝까지 치밀어 드디어 폭발해버리고 말았다. 나를 그토록 서럽고 화나게 만든 것은 남편의 '도와준다'라는 표현이었다. 나는 육아와 살림은 부부가 함께해야 하는 일이지, 한 사람의 일이라고 생각하지 않는다. 남편의 도와준다는 말은 육아와 살림은 온전히 아내인 나의 몫이라는 선입견에서 나온 말이라고 느껴졌다. 무심코 한 말인데, 내가 육체적·정신적으로 힘든 상태이다 보니 가시가 돋쳐 예민하게 굴었던 것도 있지만, 어쨌든 남편은 다른 남자들과 다르다고 철석같이 믿고 있었던 내게는 충격, 배신감으로 다가왔다.

한참을 싸우고 나서 조금 진정된 후 어렵사리 다시 마주 앉아 눈물, 콧물을 쏟으며 그동안 쌓인 울분을 쏟아냈다. 남편은 진지한 표정으로 이렇게 말했다.

"미안해. 그렇게까지 생각하지 못했어. 당신이 내게 바라는 게 어떤 거야?"

나는 주말엔 남편이 육아를 담당해주었으면 좋겠다고 당당하게 요구했다. 어쩌면 '도와준다'라는 남편의 말에 대한 일종의 복수심도 한몫했으리라 생각한다. 어쨌든 그 덕에 '주말 남편 사용법'이 우리 가정에 자리 잡기 시작했다. 하지만 처음에는 주중에도 일하고, 주말에도 쉬지 못하는 남편을 뒤로하고 차마 발걸음이 떨어지지 않았다. 그러다 보니 남편은 자연스럽게 예전의 패턴으로 돌아가버렸다. 이대로는 안 되겠다 싶어 나는 굳게 마음먹기로 결심했다. 여전히 마음이 불편했지만 일단 차 키를 들고 집을 나섰다. 사실 시작이 어려웠지 여러 차례 반복하니 결국 일상이 되었다. 우리는 그렇게 함께 육아의 무게를 나눠 짊어지었다.

남편이 만들어준 주말 자유 시간은 회사나 가족을 위해서가 아닌, 오로지 나만을 위해 사용하기로 결심했다. 그 시간 동안 원서 리딩을 하거나, 글을 쓰거나, 자기계발과 관련한 공부를 하곤 한다. 이렇게 나를 위한 재충전 시간을 충분히 갖고 나면 남편과 아이에게 더 많은 애정이 샘솟는다. 요즘 들어 나는 남편에게 고맙다는 말을 자주 하는데, 남편은 이제야 가장으로서, 남편으로서 제대로 된 역할을 하는 것 같다며 만족스러워한다. 부부 사이가 연애하던 때처럼 좋아지다 보니 화내는 날보다 웃는 날이 더 많아졌고, 당연히 내게서 뿜어져 나오는 에너지도 훨씬 긍정적으로 변했다. 내가 더욱 놀랐던 점은, 이런 나의 변화가 가족들에게 고스란히 전해져 영향을 준다는 것이었다. 덕분에 우리 가족은 예전보다 더 많이 웃고, 더 자주 행복하다는 표현을 한다. 아이의 표현을 빌리자면 'Happy Family!'의 모습으로 살아가고 있다.

늦게까지 일하고 오는 남편에게 육아와 살림을 함께하자고 말하는 것이 부담스럽다고 생각하는 사람도 있을 것이다. 하지만 그런 생각을 우리부터, 엄마부터 바꿔야 하지 않을까? 김영화 정신건강의학 전문의는 〈정신의학신문〉을 통해 이렇게 조언한다.

"아빠가 육아에 적극적으로 참여하면 아이의 지적 능력과 언어 능력이 높아지고, 사회성을 증진시키며, 아이를 더 행복하게 만들어준다."

남편이 육아를 함께하면 아내의 짐만 덜어주는 것이 아니라, 더불어 아이도 더욱 잘 키울 수 있다는 것이다. 나는 좋은 육아서를 만나면 책 속에 있는 중요한 내용을 남편에게 브리핑하듯 이야기해주곤 한다. 아이가 다니는 병원과 데이케어에서 발송해주는 뉴스레터도 함께 본다. 얼마 전에는 가수 이적의 엄마로 유명한 여성학자 박혜란 씨의 저서 《다시 아이를 키운다면》을 읽었다. 책 속에 자식을 '손님'

으로 생각해야 한다는 멋진 말부터 아빠가 육아에 참여해야 하는 이유에 대한 내용이 있어 남편에게 읽어주었다.

"아이를 먹이고 씻기고 입히고 책을 읽어주고 함께 공을 차는 일은 휴식이 필요한 아빠들에게 약간 귀찮은 과제로 다가오기도 하지만, 그보다 아이와 체온을 나누고 눈을 맞출 수 있는 특별한 시간이란 점에서 커다란 축복이다. 이런 과정을 통해 아이와의 소통이 자연스레 이루어지고 친밀감이 차근차근 쌓이는 것이다."

책 속의 좋은 문장들을 나눈 후에는 남편과 꽤 깊은 토론이 이어지곤 한다. 주말 밤이면 우리 부부는 아이를 재운 뒤 맛있는 야식을 앞에 두고 아이와 관련된 다양한 주제로 이야기를 시작해 아이를 키우는 데 있어 우리가 지녀야 할 바람직한 가치관과 교육관으로 대화를 확대해가며 심도 깊은 이야기를 주고받는다. 나는 둘이 함께 꾸린 소중한 가정이기에 당연히 남편도 육아와 살림에 어느 정도 책임감을 갖고 참여해야 한다고 생각한다. 이제 엄마가 하는 자녀 교육이 아니라 아빠와 엄마가 함께하는 육아와 교육으로 변화되어야 하지 않을까?

이렇듯 가능하다면 엄마들이 일주일에 하루, 단 몇 시간만이라도 남편 찬스를 이용해 자신만의 시간을 꼭 가졌으면 좋겠다. 물론 나를 위해 희생하는 가족들을 보면 마음이 편하지 않지만 엄마도 분명 자신만의 시간이 필요하다. 오랜 시간도 아니다. 아이가 낮잠을 자기 시작하면 보통 1~2시간 정도 자기 때문에 낮잠 후 1~2시간 정도만 남편에게 부탁한다면 2~3시간은 충분히 자신만을 위해 보낼 수 있을 것이다. 자신에게 주어진 짧은 시간에 영어 공부를 하거나 재충전을 하고, 그 이후에 남편과 아이에게 더 충실할 수 있다면 엄마를 비롯한 가족 모두의 행복 지수는 지금보다 몇 배로 올라갈 것이다. 직접 경험해본 한 사람으로서 호언장담하는 바이다.

하지만 주말 2~3시간을 자신만을 위해 사용한다고 해도 하고 싶은 것을 마음껏 하기엔 역부족인 것이 사실이다. 나는 아이를 낳고 나서 농담 반 진담 반으로 "먹고 죽으려고 해도 시간이 없어"라는 말을 입에 달고 산다. 대부분의 엄마들이 나와 비슷한 상황일 거라 생각한다. 아침에 일어나 아이를 등교시킨 뒤 부랴부랴 일을 시작하느라 늦은 오후가 되어서야 세수도 하지 않았다는 사실을 깨달을 때도 있다.

세수할 시간도 없는 엄마들에게 자기계발을 위해 하루 1~2시간을 투자하라는 말이 현실적이지 않다는 것은 나도 잘 알고 있다. 사실 영어 공부를 해야겠다고 결심하는 것보다 더 어려운 과제가 시간을 내는 것이 아닐까 싶다. 나의 경우, 아침 일찍 아이를 데이케어에 등교시키고 오후 4시경에 아이를 데리러 간다. 그렇기 때문에 아이가 등교하고 난 오전 8시부터 오후 4시까지 나에게 주어진 시간을 잘 활용해야만 일을 마무리 지을 수 있다. 하지만 이 시간 동안 아무리 열심히 한다 해도 모든 일을 다 끝내기엔 역부족이라 아직도 늘 시간에 허덕이며 살고 있다. 그런데도 한동안 '어떻게 해서든 시간을 만들어 나를 위해 쓸 수 있는 방법은 없을까?' 고민했다. 여러 가지 시행착오를 겪으며 실천한 결과, 나는 다음과 같은 나만의 시간 활용 수칙들을 만들 수 있었다.

첫째, 식사 시간 중 멀티플레이를 생활화한다. 요즈음 나는 밥을 먹으며 원서 리딩을 한다. 보통 직장을 다니면 점심시간이 한 시간 정도 되는데, 밥을 한 시간 동안 먹는 경우는 거의 없다. 집에서 일해도 마찬가지다. 집에서 일하면 더 늘어질 수 있어 30분 알람을 맞춰놓고 식사를 하는데, 그때마다 읽고 싶었던 원서를 꺼내든다. 이런 30분이 쌓이고 쌓이면 한 달 동안 한 권의 원서를 무조건 다 읽을 수 있다.

둘째, 조각나는 시간들을 최소화한다. 나는 처음 원서 리딩을 시작했을 때 미리 정해놓은 페이지 수까지 읽어야만 잠자리에 드는 것을 원칙으로 삼았다. 그렇다 보니 조금이라도 일찍 잠자리에 들려면 화장실에 갈 때 휴대폰이 아닌 이북(eBook)이나 책을 꺼내 들고, 아이가 잠들고 나면 그날그날의 분량을 마무리 지어야만 한다. 일주일에 한두 차례 한국에 계신 양가 부모님께 아이를 보여드리기 위해 영상

통화를 하는데, 그때 안부 인사를 대신하고, 친구들이나 지인들과는 간단한 인터넷 문자, 급하지 않은 경우에는 이메일을 주고받으며 조각나는 시간들을 최소화하기 위해 노력한다.

"그렇게까지 해서 공부해야 하는 이유가 뭔데?"라고 묻는다면, "내 시간을 갖기 위한 최대한의 노력이고, 그 안에서 찾을 수 있는 최소한의 행복을 누리고픈 인간의 가장 기본적인 욕망이 아닐까?"라고 대답할 것이다. 우리 엄마들도 한 아이의 엄마이기 이전에 자아를 실현하고 싶고, 매 순간 발전하고 싶은 인간이라는 사실을 잊지 않았으면 좋겠다.

지금부터는 좀 더 자세한 예시를 통해 자투리 시간 찾는 방법과 활용하는 방법에 관해 이야기하고자 한다. 가장 먼저 해야 할 일은 자신의 하루 일과표를 있는 그대로, 솔직하게 기록하는 것이다. 일주일 정도 자신의 일과표를 꼼꼼하게 적어보면, 내가 하루 24시간을 어떻게 살고 있는지, 내게 주어진 자투리 시간이 얼마나 있는지 현실적으로 파악하는 데 도움이 된다. 원서 리딩을 하기 전과 후의 나의 일과를 비교해 이야기해보려 한다.

나의 하루 일상 시간표(원서 리딩을 하기 전)

6:00~7:00 아이와 함께 기상

7:00~7:30 아이 데이테어 등교 준비 및 남편 식사

8:00~9:00 아이 데이케어 등교 및 마트 장보기

9:00~10:00 아침 식사 및 정리

10:00~12:00 회사 업무

12:00~13:00 점심 식사

13:00~16:00 회사 업무

16:00 아이 픽업

16:30~17:30 아이 목욕

17:30~18:30 저녁 준비(남편 퇴근)

18:30~19:30 저녁 식사

19:30~20:30 가족 플레이 타임

20:30~21:00 아이 재우기

21:00~21:30 샤워

21:30~22:00 집 안 정리

22:00~ 나머지 회사 업무(주로 새벽까지 이어짐)

이 일과표를 보면 아이가 데이케어에 가 있는 동안 꼭 하지 않아도 되는 것들이 눈에 들어온다. 예를 들어, 점심 식사 시간이 매일 한 시간씩 주어진다는 것. 저녁 시간이야 아이와 함께하니 어쩔 수 없지만 점심시간 동안 나는 동영상을 보거나 전화 통화를 하며 시간을 보냈었다. 이 시간을 아껴보려고 그 후에는 식사 시간을 30분으로 줄였다. 혹시나 30분 이상을 식탁에 앉아 뭉그적거릴까봐 휴대폰으로 30분 타이머를 맞춰놓고 밥을 먹기 시작했고, 밥을 먹으면서 원서 리딩을 하는 것으로 방향 설정을 다시 했다. 그리고 마트에 장을 보러 가는 것도 굳이 혼자 할 이유가 없었기에 되도록 주말에 온 가족이 출동해 오전 시간을 보내며 장을 보거나 금요일 저녁에 아이를 픽업한 후 아이와 함께 장을 보러 가곤 한다.

주중 시간은 되도록 일과 자기계발에 집중할 수 있도록 시간을 분배했다. 또한 남편의 도움으로 아침에 남편이 아이를 데이케어에 등교시켜주면서 그 시간 동안 나는 씻고 빠르게 아침밥을 먹은 뒤 곧바로 회사 일을 시작할 수 있게 되었다. 이렇게 하다 보니 아이가 밤잠을 일찍, 오래 자기 시작하면서부터는 나만의 시간이 더욱 많이 생겨 그때부터 원서 리딩을 하거나 일과 관련된 공부를 하면서 나름 알차게 시간을 쓰게 되었다. 이전에는 새벽 2~3시까지 밀린 일을 하느라 늘 잠이 부족해 피곤했는데, 이제는 늦어도 12~1시면 잠들 수 있어 컨디션이 한층 나아졌다.

요즈음은 급한 업무가 없거나 계획했던 원서 리딩을 낮 시간대에 다 마무리하면 아이와 함께 일찍 잠자리에 들었다가 새벽 3~4시에 일어나 하루를 시작하는 일과를 소화하곤 한다. 고요한 새벽에 혼자 일어나 원고를 쓰거나 원서 리딩과 관련된 공부를 하면 기분이 참 좋다.

이렇듯 자신의 일과를 솔직하게 쭉 적어보고, 줄일 수 있는 시간을 정리해보자. 그리고 굳이 혼자 시간을 써야 하는 일들이 아닌 것을 추려내 온 가족이 함께하는 방향으로 설정하면서 불필요하게 낭비되던 시간을 줄여보자. 이 시간들만 잘 활용해도 원서 리딩에 필요한 하루 한 시간은 분명 확보할 수 있을 것이다.

매일 밤 아이를 재우다 보면 무겁게 내려앉는 눈꺼풀을 억지로 끌어올리느라 애를 먹을 때가 많다. 가끔은 '에라, 모르겠다' 하고 아이와 함께 쭉 자고 싶기도 하다. 하지만 혼자만의 시간을 달리기 위해 잠을 쫓아내며 침대에서 꾸역꾸역 일어난다. 그리고 책상 앞에 앉아 원서 리딩을 하거나 TED 강의를 보며 워밍업을 하고, 그 후에는 일에 필요한 케이스 스터디를 하거나 논문을 본다. 물론 이렇게 생활한다고 해서 하루아침에 나의 인생이 확 달라지는 것은 아니다. 어쩌면 내일의 컨디션을 위해 오늘 잠을 더 많이 자는 것이 나을 수도 있다. 하지만 내가 잠자는 시간을 줄여가며 아등바등 열심히 사는 것은 엄마이기 이전에 '나'라는 사람을 잃고 싶지 않아서다. 또한 내가 목표로 한 것에 한 발짝이라도 더 다가서고 싶은 욕심이 있어서다.

엄마가 되고 나서 나는 늘 아이를 내 인생의 전부라 여기지 않고, 아이에게 엄마로서 한 희생을 보상받으려 하지 않는 것이 건강한 부모와 자식 관계라고 생각해왔다. 그러기 위해 가장 시급한 것은 아이를 낳고 한동안 잊고 있었던 '나'부터 되찾는 일이었다. 그러려면 시간이 절실하게 필요했다. 나는 다양한 시행착오를 겪으며 없던 시간을 만들어냈고, 자투리 시간을 활용해 영어 공부를 비롯한 다양한 분야의 독서를 다시 시작할 수 있게 되었다. 그러한 시간을 통해 폭풍처럼 일렁이던 마음이 다시 안정을 되찾았다. 적어도 원서를 펴들고 집중하는 시간만큼은 누구의 엄마가 아닌 나 자신으로 존재할 수 있기에 나는 모두가 잠든 시간에 늘 원서를 펼친다.

짧은 속담이나
명언부터 시작한다

요즈음 아이가 부쩍 말이 늘어 종일 영어로 종알거리는 날이 많아졌다. 내가 "위험해! 하지 마!"라고 말하면, 아이가 "Mommy, don't worry. It's okay"라고 완벽한 문장으로 말해 나를 놀라게 할 때도 있다. 아이가 말을 제법 잘하니 내가 원서를 보고 있으면 자꾸 옆에 와서 참견하고 싶어 한다. 하지만 내가 읽는 원서는 대부분 아이가 읽기에 어렵고, 삽화도 많지 않아 아이는 금방 싫증을 내고 입을 삐죽 내민다.

그래서 '아이와 같이 재밌게 볼 수 있는 책이 없을까?' 고민하게 되었다. 사실 아이가 보는 그림 동화책은 재미있긴 하지만, 여러 번 읽어주다 보면 아이는 재미있을지 몰라도 엄마 입장에서는 솔직히 지루하다. 그렇다고 내가 재미있어 하는 소설이나 자기계발서를 이제 만 2세가 된 아이에게 읽어줄 수도 없는 노릇이다. 이런저런 고민 끝에 서점에서 마주한 책이 바로 《이솝우화》였다. 정확히 말하면 이 책을 쓰기로 결정하면서 한 권의 원서를 소개하고 함께 영어 공부를 해보자는 방향을 잡고 생각하는 와중에 눈에 들어온 책이다.

어쨌든 아이와 함께 《이솝우화》를 읽기 시작했다. 동물을 사랑하는 아이에게 여우 이야기, 당나귀 이야기를 들려주니 아이는 어느새 이야기에 흠뻑 빠져들어 두 눈을 반짝였다. 가끔 책에 동물 그림이 나오면 손뼉을 치며 보고 또 보곤 한다. 엄마와 아이가 함께 볼 수 있다는 장점 이외에도 《이솝우화》를 추천하는 또 다른 이유는 에피소드 끝에 나오는 짧은 속담 때문이다. 에피소드 자체만으로도 흥미롭지만, 주제와 관련된 촌철살인 속담을 공부할 수 있어 더욱 애정하게 되었다.

블로그에 원서를 리뷰하면서 생각보다 많은 사람이 원서 리딩을 두려워하고 있다는 사실을 알게 되었다. 100페이지가 넘어가는 경우가 많다 보니 분량에 우선 지레 겁부터 먹고, 그다음에는 '내가 과연 끝까지 다 읽을 수 있을까?', '내가 과연 내용을 이해할 수 있을까?'라는 생각을 가장 먼저, 그리고 많이 한다는 것이다. 또 영어 공부를 열심히 하겠다고 의욕에 차 책을 샀다가 분량이 너무 많거나 어려워 중간에 포기하는 경우도 심심찮게 있는 듯했다.

이런 경우가 반복되면 어렵게 결심한 영어 공부에 대한 의지가 흔들리게 될 뿐만 아니라 원서 리딩에 대한 흥미가 급격히 떨어져 지속하기가 어려워진다. 그래서 내가 워밍업으로 추천하고자 하는 방법은 짧은 영어 문장을 통해 어렵게만 느껴졌던 영어 표현들과 조금씩 가까워지는 것이다. 원서 리딩이 두렵다는 생각이 든다면 처음부터 너무 욕심을 내 덜컥 책부터 구매하기보다는, 먼저 짧은 영어 문장들을 매일 공부하자는 생각으로 시작하는 편이 좋다.

수영을 처음 배웠을 때를 떠올려보자. 물에 들어가기 전에 간단한 스트레칭을 통해 몸을 풀어주어야 하는 것처럼, 본격적으로 원서 리딩을 하기 전에 마음과 뇌에 가벼운 준비 운동을 시켜주는 것이 무엇보다 중요하다. 그렇다면 과연 어떻게 영어 공부를 위한 준비 운동을 시작하는 것이 좋을까? 속담이나 명언이 그 답이 될 수 있다. 속담이나 명언은 문장이 간결하기 때문에 공부할 때 부담이 적고, 깊은 의미를 담고 있기 때문에 마음속에 되새길 수 있다. 또한 외국인과 대화할 때 적절한 속담이나 명언을 예로 든다면, 수십 개의 문장을 나열해가며 자기 생각을 구구절절 말할 때보다 분명 훨씬 큰 전달 효과와 공감대를 얻게 될 것이다.

다음 명언들을 살펴보자.

The first step to getting the things you want out of life is
this: Decide what you want.

- Ben Stein

—

인생에서 원하는 것을 얻기 위한 첫 번째 단계는 바로 이것이다. 당신이 원하는 것이 무엇인지를 결정하는 것.

- 벤 스타인

짧고 간결한 문장이다. 제대로 읽고 해석할 수 있다면 무언가 느끼는 점이 있을 것이다. 문장을 읽어나가다 보면 뜬금없이 ':'이 등장하는데, 읽는 입장에서 ':'이 주는 의미가 무엇이고, 어떤 상황에서 이 문장 부호를 쓰는지 궁금해진다. 그렇다면 인터넷이나 영작문 책을 통해 이 문장 부호에 대해 공부하면 된다. 그러면 문장 속 ':'가 뒤에 나오는 문장이 앞 문장을 좀 더 자세히 수식하는 역할을 하여 영어 작문에서 가장 자주 사용되는 방법 중 하나라는 점을 배우게 될 것이다. 이처럼 짧고, 쉽고, 의미까지 완벽한 명언이 단어들과 더불어 문장 부호까지 설명을 해준다. 이 명언을 반복하고 반복하면서 자기 것으로 만들고 외울 수 있게 된다면, 어느 순간, 입 밖으로 낼 기회가 찾아올지도 모른다.

When in Rome, do as the Roman do.

—

로마에서는 로마법을 따르라.

살면서 이 속담을 한 번도 들어보지 않은 사람이 있을까? 하지만 한국어로 쉽게 말할 수 있어도 막상 영어로 바꿔 말하려고 하면 머뭇거리게 된다. 이 문장을 읽으면서 'When' 뒤에 생략된 일반 주어와 동사에 대해서도 다시 한 번 복습해보고, 'as'의 용법에 대해서도 정리할 수 있게 된다면 더할 나위 없이 좋은 영어 공부가 될 것이다.

나와 여동생이 졸업한 중고등학교에서는 학기마다 '영어 속담 경시 대회'가 열렸다. 선생님이 나누어주신 프린트물을 달달 외워 시험을 보고, 가장 점수가 좋은 학생에게 상을 수여했다. 그 당시에는 속담을 공부하는 것이 영어 공부에 도움이 되는 줄도 모르고, 그저 좋은 점수를 받기 위해 죽어라 외웠다. 시간이 흘러 유학 생활을 하며 이런저런 책을 보는데, 여기저기에서 속담이 불쑥불쑥 튀어나왔다. 학교 식당, 다운타운 쇼핑몰에 붙어 있는 광고판에도 속담들이 적혀 있었다. 그때마다 '아, 이거 그때 외웠던 거다!' 하며 반가운 마음에 혼자 배시시 웃었던 기억이 난다. 사회생활을 시작하면서 좀 더 사교적인 자리에 참석하게 되었는데, 그럴 때마다 가끔은 장황하게 나의 의견을 말하는 것보다는 짧은 속담으로 대신하는 편이 상대방에게 더 좋은 인상을 주고, 기억에 더 오래 남길 수 있다는 것을 깨닫게 되었다. 이렇다 보니 나는 속담을 보면 그냥 지나치지 않고 조금 더 유심히 살피며 기억하려고 애쓴다.

《이솝우화》 중 너무나도 유명한 에피소드 하나를 소개해보려고 한다. 바로 〈The Bear And The Travellers〉다. 함께 길을 가던 두 명의 여행자가 갑자기 곰을 만났는데, 한 사람은 나무 위로 올라가고 미처 피하지 못한 다른 한 사람은 바닥에 엎드려 죽은 척을 해 위기를 모면하게 되었다는 이야기다. 이 이야기를 모르는 사람은 드물 것이다. 그렇다면 이 이야기가 주는 교훈은 무엇일까? 에피소드 끝에 이런 속담이 적혀 있다.

Misfortune tests the sincerity of friendship.

해석해보면, '불행은 진실한 우정을 시험하게 한다' 정도가 될 것이다. 우정에 대해 이야기할 때 '곰이 어쩌고저쩌고, 친구가 나무 위로 올라갔는데 어쩌고저쩌고…' 구구절절 늘어놔봤자 말하는 사람도, 듣는 사람도 피곤할 뿐이다. 게다가 이 상황을 바탕으로 우정의 중요성을 영어로 말하려면 골치가 지끈거린다. 하지만 사람들에게 속담 한 문장을 전달할 수만 있다면 내가 이야기하고자 하는 것을 제대로, 완벽하게 이해하는 데 도움을 줄 수 있다.

그렇다고 너무 욕심을 내 속담이나 명언을 매일 10개씩, 20개씩 외울 필요는 없다. 원서의 긴 문장, 많은 페이지 수가 부담되어 시작한 속담과 명언인데, 양에 욕심을 부릴 필요가 있을까? 하루에 하나씩 외우겠다는 가벼운 마음으로 시작해도 충분하다. 그렇게만 해도 알게 되는 속담이나 명언이 한 달이면 30개, 1년이면 무려 365개나 된다.

미국 서점에 가보면 속담집이나 명언집 코너가 늘 한쪽에 자리 잡고 있다. 영어를 모국어로 쓰는 사람들도 자신들의 말이 가지고 있는 은유, 비유, 함축적인 표현을 읽고 그것들을 대화에 사용한다는 증거라고 생각한다. 꼭 속담집이나 명언집을 구매할 필요는 없다. 인터넷을 이용해 정보를 찾고 모아서 자신의 노트에 기록해 나만의 속담집, 나만의 명언집을 만들어보는 것도 재미있는 공부법이 될 것이다. 나중에 노트를 활용해 아이와 함께 공부를 할 수도 있고, 나이가 들어서도 자신만의 좋은 영어 교재가 될 것이라 생각한다.

어느 날 갑자기 100페이지가 넘는 원서를 읽는 것은 어렵지만 하루에 1~2개의 좋은 문장을 읽는 것은 상대적으로 쉽게 느껴진다.

5~10분만 투자해도 짧은 영어 문장을 충분히 외울 수 있다. 매일 시간이 날 때마다 속담이나 명언을 찾아 공부하면서 단어들을 정리하고, 문법적으로 중요한 표현들을 그때그때 정리해가며 공부할 수 있게 된다면 그동안 잊고 있던 자신의 영어 실력이 조금씩 되살아날 것이다. 그렇게 되면 영어가 더 이상 낯설지 않고 조금은 익숙하고 친숙하게 느껴질 것이다. 이렇게 점차적으로 영어 공부의 근육을 만들어나가면 그다음에는 두꺼운 원서 리딩에도 도전할 수 있다. 이렇게 조금은 부담감을 내려놓고 천천히 시작해서 두려움을 없애고 계속해서 도전해나갈 힘을 키우는 것, 사실 우리가 하는 영어 공부란 그것만으로도 충분하지 않을까?

반복해서 보게 만드는
메모의 룰

주말에 아이와 마트에 갔다. 아이가 좋아하는 장난감 코너에서 구경을 하는데, 카트에 앉아 있던 아이가 장난감을 가까이에서 보고 싶다고 졸라 카트 밖으로 내려주었다. 아이는 신이 나서 여러 가지 장난감을 보며 행복해했다. 나 역시 그런 아이를 보며 행복해 미소가 절로 지어졌다. 그런데 그때 아이가 "Oh, my Gosh!"라고 말하는 것이 아닌가. 순간 '내 아이가 맞나?' 싶은 생각에 눈이 커다랗게 떠졌다. 아이는 자신이 좋아하는 동물 인형들을 끌어안으며 아무렇지 않게 영어로 감탄사를 내뱉었다. 내가 무의식중에 아이에게 기대한 말은 "와! 엄마, 이것 좀 봐"였는데, "Oh, my God!"도 아니고 너무나도 천연덕스럽게 미국 아이들처럼 "Oh, my Gosh!"라고 말하다니! 너무 충격이었다. 게다가 발음도 나와 180도 달랐다. 미국인의 버터 발음을 그대로 구사하며 아무렇지 않게 영어로 감탄사를 내뱉는 아이를 보니 느닷없이 가슴이 두근거렸고, 웃음조차 나오지 않는 알 수 없는 긴장 상태가 되고 말았다. 그날 밤, 나는 아이를 재우고 책상 앞에 앉아 메모지를 꺼냈다. 그리고 메모지에 커다랗게 적었다.

'정신 차리고 영어 공부하기!'

나는 어려서부터 메모하는 것을 참 좋아했다. 메모를 해서 눈에 띄는 곳에 붙여두면, 해야 할 일이나 중요한 것을 잊어버리지 않고 항상 상기시킬 수 있기 때문이다. 그래서 나의 최애템은 접착식 메모지, 즉 포스트잇이다. 중고등학교 시절에는 시험에 나올 내용을 메모지에 적어 벽에 붙여두고 보면서 반복해서 외우기도 했고, 공부에 도움이 되는 명언을 적어두고 성공을 다짐하기도 했다. 이 습관은 대학교와 대학원에 가서도 쭉 이어졌다. 특히 유학 생활 중에는 늘 곁에 메모지와 필기구가 있어야 안심이 될 만큼 메모에 더 집착했다. 한국어가 아닌 외국어를 쓰고, 영어로 수업을 듣고 과제를 해야 했기에 실수를 하지 않으려면 메모를 하고 빠진 것이 없는지 수시로 체크해야 했다.

요즈음은 스마트폰 때문에 손으로 직접 적을 일이 많이 줄었다고 하지만 나는 지금도 스마트폰보다는 메모를 더 사랑한다. 이제는 공부하는 학생도 아니니 메모를 할 일이 없을 줄 알았는데, 아이 덕분에 메모하고 붙이는 일이 더 늘어났다. 메모가 가장 많이 붙어 있는 곳은 냉장고와 주방 게시판이다. 아이를 위한 식단, 얼른 소비해야 하는 냉장고 안 식재료, 마트에 가면 사와야 할 것들, 남편에게 부탁할 것, 데이케어 준비물….

이뿐만이 아니다. '늘 웃자!', '아이에게 칭찬을 많이 해주자!', '남편을 사랑하자!' 등의 다짐들도 하트 모양 메모지에 적어 서재와 주방 곳곳에 붙여놓았다. 이렇게 굳게 다짐을 해도 생떼를 부리는 아이 앞에서 그저 웃기란 쉽지 않고, 손과 발을 휘저어가며 울고불고하는 아이를 칭찬해주기란 여간 어려운 일이 아니다. 그럴 때면 남편도 꼴 보기 싫고 한숨만 푹푹 나온다. 이렇게 감정적으로 화가 훅 올라올 때면 주방으로 가 내가 붙여놓은 메모를 본다. 그리고 얼음을 하나 꺼내 입에 물고 화를 가라앉히며 내가 결심한 것이니 지키자고 다시 한 번 다짐한다.

이렇듯 메모는 늘 나에게 분위기 전환을 가져다주고, 잠자고 있던 기억을 꺼내 다시 한 번 상기시켜주며 조금씩 나의 것으로 만들어갈 수 있게 도와주는 고마운 존재다.

출판사로부터 처음 이 책의 출간 제안을 받았을 때, 남편과 머리를 맞대고 출판사에서 보내온 기획안을 검토했다. 기획안을 꼼꼼히 살

피던 남편이 갑자기 소리를 내 웃기 시작했다. 그 이유를 물으니 남편은 이렇게 대답했다.

"미국에서 18년을 살아온 사람이 다시 영어 공부를 시작한다는 게 웃겨서 말이야."

그렇다. 내가 영어 공부를 다시 시작한다고 하면 많은 사람이 이렇게 말한다.

"미국에서 그렇게 오래 살았는데, 더 해야 할 공부가 있나요?"

물론 이제는 영어로 일상생활을 하거나 업무를 보는 것에 아무런 어려움이 없다. 하지만 아무리 미국에서 오래 살았다 해도 나 역시 한국어가 더 편한 토종 한국인이고, 영어는 내게 영원히 제2 외국어다. 그렇기 때문에 늘 더 완벽하게 읽고, 쓰고, 듣고 싶고, 원어민만큼 잘하고 싶은 욕심이 있다. 이 욕심을 채우기 위해 매일 영어 공부를 하면서 언어란 잦은 반복 학습이 중요하다는 사실을 다시 한 번 깨달았다.

단어를 잊지 않고 기억하려면 늘 눈에 띄는 곳에 붙여놓고 틈날 때마다 읽어보는 것이 좋다. 이것이 내게는 가장 효과적인 공부법이다. 그래서 요즈음도 메모지를 열심히 활용하고 있다. 원서, 라디오 뉴스 등 다양한 경로를 통해 알게 된 좋은 영어 표현이 있으면 메모지에 적어 눈에 잘 띄는 곳에 붙여둔다. 매일 펼쳐보는 다이어리나 컴퓨터 모니터 가장자리, 휴대폰 뒷부분에 붙여놔도 자주 볼 수 있어 도움이 된다.

    시카고에 살 때 다운타운으로 쇼핑을 나간 적이 있다. 상품을 둘러보고 있으면 보통 직원들이 다가와 이렇게 묻는다.

"Do you need any help?"

'무엇을 도와드릴까요?'와 같은 표현이라고 보면 된다. 그럴 때 보통은 "No, Thank you!(아니에요, 감사합니다!)", "No, just looking around!(아니요, 그냥 둘러보는 중이에요!)"라고 말하는데, 그날 한 백인 아주머니가 색다르게 대답하는 걸 듣게 되었다.

"No, just exploring!(아니요, 그냥 둘러보는 거예요!)"

순간 귀가 쫑긋해졌다. 'No, just looking around!'와 같은 표현임에도 뭔가 더 품격 있어 보이고 멋진 문장처럼 느껴졌다. 'explore'라는 단어는 요즈음 같은 IT 시대에서는 모를 수가 없다. 인터넷 익스플로러는 초등학생들도 알고 있는 아주 기본적인 단어라 할 수 있는데, 그런 'explore'를 사용해서 '아니요, 그냥 둘러보는 거예요!'라고 말하다니! 참으로 놀라웠다. 나는 이런 상황과 마주하면 메모를 한다. 손으로 적기 어려운 상황이면 일단 휴대폰에 다다닥 타이핑을 해 저장해놓고, 집으로 돌아와 메모지에 적은 뒤 벽에 붙여놓고 외우기 시작한다. 요즈음은 쇼핑을 할 때 직원이 다가와 도와줄 것이 없냐고 물으면 웃으며 이렇게 답한다.

"No, thank you. Just exploring!(아니요, 감사합니다. 그냥 둘러보는 거예요!)"

왜 중요한 문장이나 단어를 메모해야 할까? 가장 단순한 대답은 다 기억할 자신이 없기 때문이다. 그리고 기억해야 할 것이 많은 불쌍한 뇌의 짐을 덜어주기 위해서다. 성공한 CEO나 세기의 천재들은 늘 메모의 중요성에 대해 이야기한다. 하지만 무턱대고 중요한 표현, 좋은 표현을 적기보다는 좀 더 효율적으로 공부할 수 있는 방법을 찾아보는 것이 중요하다고 생각한다.

《메모의 기적》이라는 책을 쓴 일본의 전직 카피라이터 고니시 도시유키는 독특하게도 메모를 고기나 생선에 비유한다. 그는 신선할 때는 날것으로도 쓸 수 있지만, 그대로 두면 썩어서 쓸모가 없는 것이 바로 메모라고 이야기한다. 그러면서 단순히 메모만 하지 말고 '기호'를 이용해 살아 있는 메모를 하라고 충고한다. 예를 들면 회의나 대화 중 떠오른 아이디어나 다시 확인해볼 필요가 있는 부분에는 동그라미를, 인과관계가 있는 부분에는 화살표를, 의문이 드는 부분에는 물음표를 사용하라고 조언한다.

나는 중요도나 빈도에 따라 메모지의 색상을 다르게 하고, 나만 알고 있는 기호를 사용한다. 좋은 문장이나 단어를 메모지에 적어 붙여둔 뒤, 잘 외워지지 않는 것은 동그라미 표시를 해놓는다. 예전에 공부했음에도 기억나지 않는 것은 별표, 자주 등장해 다 외운 것은 체크 표시를 해두고 완벽하게 학습되었을 때 비로소 메모지를 떼어 낸다. 이렇게 자신만의 메모 룰을 정하고 기호를 만들어 차근차근 정리해놓으면 비슷해 보이는 메모 사이에서도 어떤 것에 더 집중해야 하는지 구분할 수 있기 때문에 활용도가 매우 높다.

메모가 늘어난다고 해서 그만큼 공부할 수 있는 것은 아니다. 아무리 정성스럽게 적어 붙여두었다 해도 보지도, 외우려 노력하지도 않으면 그 누구에게도 쓸모없는 지저분한 쓰레기와 다를 바 없다. 따라서 메모는 필요할 때 바로바로 꺼내 쓸 수 있도록 활용성 높게 정리하는 것이 관건이다.

마지막으로, 완벽하게 머릿속에 저장되었으면 메모지를 떼어내 휴지통에 버린다. 사실 그때 느껴지는 희열 때문에 계속 메모지에 좋은 문장, 단어를 적어 이곳저곳에 붙여놓는 건지도 모른다. 남들이 생각하기에는 시답지 않은 사소한 일이라 해도, 스스로 성취감을 얻었다면 앞으로 그 일을 계속하게 하는 원동력이 될 것이라고 생각한다. 따라서 원서 리딩을 통해 좋은 영어 문장과 단어를 발견하게 되면 메모지에 적어놓고, 시간이 날 때마다 보고, 이해하고, 외우려고 노력하여 완벽하게 자신의 것으로 만들고, 메모를 떼어내 버리기까지가 하나의 공부이자 성취감을 느끼게 되는 과정이라 할 수 있다.

유학 생활을 시작하면서부터 하루하루 서바이벌 게임 속에서 사는 것처럼 느껴졌다. 매일같이 허덕이며 공부를 하고, 계속해서 늘어나기만 하는 To Do 리스트를 보며 새벽까지 달리고 또 달렸다. 오랜 시간 미국에서 생활하다 보니 마음은 늘 어디에도 속하지 못하는 이방인이 되어버렸다. 지금은 한국도, 미국도 낯선 이방인으로 살고 있다. 18년간 계속된 서바이벌 게임 속 이방인으로 24시간, 365일을 사는 것이 녹록지는 않지만, 지금껏 해온 메모 덕에 내게 주어진 시간을 조금 더 열심히 살고 있는 것 같다. 그만큼 메모의 힘은 매우 강렬하다.

공부와 독서를 할 때는 물론, 아이를 키우는 데도, 살림과 일을 하는 데도 늘 메모를 생활화하는 습관을 들이는 것은 어떨까? 차곡차곡 떼어낸 메모지의 양만큼 자신의 삶도 되돌아보고, 다가올 미래도 준비할 수 있는 그런 엄마가 될 것이라 생각한다.

다양한 미디어로
지루하지 않게

아이가 만 2세가 넘어가고 나서부터는 텔레비전이나 유튜브를 활용해 조금씩 한글과 영어 단어, 문장을 가르치고 있다. 특히나 요즈음은 한글 공부에 있어서는 영상 미디어를 활용하는 것이 필요하다는 생각이 든다. 뽀로로, 핑크퐁 등의 영상이 없었다면 미국에서 아이에게 어떻게 한글을 가르쳐야 하나 머리를 싸매고 고민했을 것이다.

주말 오후, 아이와 함께 바다가 내려다보이는 동네 놀이터에 갔다. 아이를 그네에 태우고 밀어주는데, 아이가 까르르 웃으며 "아, 신나!" 하고 한국어로 감탄사를 내뱉었다. 순간 너무 기뻐 아이를 꼭 껴안고 눈물을 글썽이고 말았다. 미디어를 통한 반복 학습이 아이의 언어

형성에 큰 영향을 준다는 사실을 깨달은 순간이었다.

　많은 엄마들이 영어 공부를 하고 싶다고 생각하면서도 쉽게 시작하지 못하는 이유 중 하나는 '좋은 교재'에 대한 강박관념이 있기 때문이다. 영어 공부를 하겠다고 결심한 친구들이 공통적으로 하는 질문이 있다.

　"영어 공부하기에 좋은 교재 좀 추천해줄래?"

　하지만 돈 들여 교재를 사놓고 이런저런 핑계로 몇 장 보지도 않고 덮을 거라면 군이 교재를 살 필요가 있을까? 자신에게 맞는 교재를 고민하고 구매하기 전에 꾸준하게 영어 공부를 할 수 있을지 가볍게 테스트할 수 있는 방법을 소개하고자 한다. 테스트라고 하니 거창하게 들릴지 모르겠지만, 절대 아니다. 요즈음 같은 시대에는 다양한 미디어와 인터넷상에 있는 수많은 정보를 손쉽게, 큰 비용을 들이지 않고도 사용할 수 있다. 그 정보들을 이용해 자신에게 맞는 공부 패턴을 찾아보고, 최대한 즐겨가며 공부하는 것이 가장 바람직한 방법이라 생각한다.

　가장 먼저 원서를 구매하는 방법에 대해 알아보자. 나는 영어 공부를 위한 원서는 주로 아마존 사이트(www.amazon.com)를 이용해 종이책 혹은 이북으로 구매한다. 아이가 태어나기 전에는 종이책을 선호했으나 아이가 태어난 후에는 잠든 아이 옆에서 불빛을 최대한 줄여 책을 보려면 아무래도 이북이 더 편리하겠다는 생각이 들어 요즈음에는 이북을 많이 이용하는 편이다.

이북의 장점은 일단 종이책보다 가격이 저렴하고, 아마존 이북 리더(Reader) 애플리케이션인 킨들(Kindle)을 이용하면 언제, 어디서나 쉽게 읽을 수 있다는 점이다. 또 모르는 단어가 나왔을 때, 더블 클릭 한 번으로 영영사전을 팝업해주는 기능이 있어 하나하나 사전을 찾아야 하는 번거로움을 덜 수 있다. 게다가 킨들로 원서를 읽으면 찾은 단어를 메모하면서 다시 한 번 공부할 수 있고, 마음에 드는 표현을 하이라이트로 체크해놓으면 언제든 다시 볼 수 있어 나중에 블로그에 리뷰하거나 여동생과 공부 노트를 주고받을 때 큰 도움이 된다.

아마존은 미국 온라인 사이트지만, 한국에서도 킨들 버전의 이북을 구매할 수 있고, 국내 온라인 서점에서도 원서 이북을 다양하게 판매하고 있으니 자신이 편한 방식으로 구매하여 읽으면 된다. 종이책을 선호한다면 온라인이나 오프라인 서점에서 종이책 버전의 원서를 선택해 구매하면 된다. 어떤 방법이 되었든, 자신에게 가장 편리한 방법을 찾아 구매해 읽기 시작하는 것이 가장 중요한 첫걸음이다.

나는 원서를 구매할 때 오디오북이 무료인 경우, 꼭 함께 다운로드해놓는다. 그리고 주방에서 요리를 할 때 오디오북을 틀어놓는다. 칼이나 불을 다룰 때 영상을 보면 시선을 빼앗겨 위험할 수도 있기 때문에 가능하면 요리에 집중할 수 있도록 오디오북을 통해 리스닝 훈련을 한다. 아이와 함께 놀 때도 영어 동요나 오디오북을 틀어놓는다.

무료 오디오북을 이용할 수 있는 또 다른 방법은 유튜브에서 'Audio book+원서 제목'을 검색해 듣는 것이다. 유튜브 검색창에 'Audio book'만 검색해도 수많은 콘텐츠를 확인할 수 있다. 그중 마음에 드는 것 하나를 골라 시작하면 된다.

이렇듯 다양한 오디오북을 찾아 듣게 되면 자연스럽게 리스닝 훈련도 되고, 일할 때나 쉴 때 적적함을 없애주어 좀 더 유익한 시간을 보낼 수 있다. 원서뿐 아니라 다양한 영어 동화들도 오디오북으로 배포되고 있으니, 아이의 수준에 맞는 것을 선택해 함께 들어보자. 리스닝 훈련을 하는 동시에 재미있고 유익한 시간을 보낼 수 있으니 꼭 기억하기 바란다.

오디오북이 조금 지루하거나 리스닝 때문에 어렵다는 생각이 든다면 노래를 통한 영어 공부는 어떨까? 아이와 함께 부를 수 있는 영어 동요와 가사를 음미하며 쉽게 따라 부를 수 있는 올드 팝송을 추천한다. 대부분의 엄마가 알고 있듯 만 2세 이전의 아이는 컴퓨터, 휴대폰, 텔레비전 등 동영상 미디어의 노출을 최소화하는 것이 좋다. 미국에서는 특히나 이 부분을 엄격하게 통제한다. 아이가 다니는 데이케어에서도 토들러 반까지는 절대 영상을 보여주지 않는다. 아이의 소아청소년과 선생님께서도 이 점을 계속 강조하셔서 우리 부부는 아이가 두 살이 되기 전까지는 텔레비전을 켜지 않고 생활했다. 하지만 아이가 두 살이 되고 난 후에는 얼른 밥을 차려야 한다거나 아이가 아파서 힘들어할 때 같이 부득이한 경우에는 어쩔 수 없이 텔레비전이나 유튜브 동영상을 보여준다. 그럴 때는 주로 한글 영상이나 영어 동요 콘텐츠를 틀어주는데, 유치할 것만 같았던 영어 동요가 생각 외로 영어 공부에 많은 도움이 된다는 것을 알게 되었다.

다음은 우리 아이가 요즈음 너무나도 좋아하는 동요 〈The Itsy Bitsy Spider〉의 가사다. 한국어로 "거미가 줄을 타고 올라갑니다"로 시작하는, 우리에게 매우 익숙한 동요라 한 번만 들어도 금세 따라 부를 수 있다.

The itsy bitsy spider went up the water spout.

Down came the rain and washed the spider out.

Out came the sunshine and dried up all the rain.

And the itsy bitsy spider climbed up the spout again.

—

거미가 줄을 타고 올라갑니다.

비가 오면 끊어집니다.

해님이 방긋 솟아오르면

거미가 줄을 타고 내려옵니다.

나는 성인이 되어 미국으로 왔기 때문에 이런 영어 동요를 접할 기회가 전혀 없었다. 아이가 데이케어에 다니기 시작하면서 종종 알 수 없는 몸짓을 하며 영어 동요를 흥얼거렸다. 분명 나에게도 익숙한 음이었는데, 가사를 몰라 따라 부르지 못해 당황했다. 그래서 다음 날 데이케어 선생님에게 곡명을 물어 아이가 잘 때 유튜브에서 찾아 익힌 기억이 있다. 아이가 말을 시작하면서부터는 선생님께 아예 플레이 리스트를 받아 집에서 아이와 놀 때 틀어놓곤 한다. 덕분에 이제는 가요보다 영어 동요를 더 많이 알고, 부르는 엄마가 되었다.

영어 동요는 일단 문장이 단순하다. 그리고 같은 어휘가 반복적으로 등장하기 때문에 입에 착착 붙어 두세 번만 들어도 금방 외울 수 있다. 무엇보다 노래를 통해 공부하는 것은 언제나 재미있다. 특히나 영어 동요를 따라 부르며 공부하면 영어라는 언어가 가지고 있는 리듬감까지 익힐 수 있어 금상첨화라는 생각이 든다. 유튜브에 '영어 동요'나 'Kids songs'를 검색하면 꽤 많은 콘텐츠가 나오는데, 이 중 익숙한 것이나 마음에 드는 것을 선택해 시작해보기 바란다.

그런데 영어 동요만 듣고 부르다 보면 동요에서 벗어나 분위기 있
는 노래를 부르고 싶어질 때가 있다. 그럴 때는 쉬운 가사의 팝송도
좋은 대안이다. 요즈음 유행하는 트렌디하고 핫한 노래들도 좋지만,
나는 우리의 귀에 익숙하고 따라 부르기도 쉬운 올드 팝송을 추천한
다. 우리의 가요도 추억의 노래라 불리는 곡들의 가사가 좀 더 서정
적이고 감수성이 풍부한 경우가 많듯, 팝송도 올드 팝송의 가사가 좀
더 시적이기도 하고 내용 면에서도 부드럽게 이어지는 경우가 많아
따라 부르며 익히기에 좋다. 가장 익숙하고 쉬운 올드 팝송 한 곡을
꼽으라고 한다면, 나는 주저 없이 세계적으로 유명한 밴드인 비틀즈
(The Beatles)의 〈Let it Be〉를 선택할 것이다.

When I find myself in times of trouble

Mother Mary comes to me

Speaking words of wisdom let it be

And in my hour of darkness

She is standing right in front of me

Speaking words of wisdom let it be

Let it be let it be

Let it be let it be

Whisper words of wisdom let it be

...

—

내가 곤경에 처했다는 것을 깨달을 때면,

어머니 메리가 나에게 와서

지혜의 말을 해준다.

그냥 내버려두라고.

...

앞서 이야기했듯 올드 팝송의 가사 자체가 시적인 표현이 많기 때문에 영어 가사를 한글로 직역해서 해석하면 촌스럽고 어색한 부분이 있을 수 있다. 하지만 의미 파악에는 전혀 문제가 없기 때문에 가사의 뜻을 생각하면서 재미있게 따라 부르고 단어나 표현 등을 익히는 것이 좋다.

나는 운전할 때 라디오를 틀어놓는 습관이 있다. 내 차 안에서는 대부분 미국 공영 라디오 방송인 NPR(www.npr.org)의 뉴스가 흘러나온다. 아이를 키우다 보면 진득하게 앉아 뉴스를 보거나 신문을 읽는 것이 어려울 때가 많다. 나 역시 그렇다 보니 두 가지 일을 동시에 하는 멀티플레이어가 되어야만 했다. 이제는 운전을 하며 자연스럽게

NPR 뉴스를 듣고, 뉴스를 통해 시사 상식을 익히는 동시에 리스닝 훈련을 하고 있다. NPR 뉴스는 CNN 뉴스보다 좀 더 낮은 난이도의 뉴스가 나오기 때문에 듣고 이해하는 데 있어 훨씬 부담이 적다. NPR 뉴스 사이트에 들어가 보면 뉴스에 관련된 기사가 제공되므로, 기사를 먼저 읽어 보고 이해한 후 링크된 뉴스를 들을 수도 있어 리스닝 훈련을 할 때 매우 유익하다.

조금 더 깊이 있는 리딩을 원하고, 국내외 시사 분야에 관심이 있는 분들에게는 〈뉴욕 타임스〉, 〈헤럴드〉 같은 영어 신문 혹은 〈이코노믹스〉, 〈타임〉 같은 전문 시사 경제 잡지를 추천한다. 미국 내에서도 가장 높은 인지도를 가지고 있는 것은 〈뉴욕 타임스〉가 아닐까 싶다. 〈뉴욕 타임스〉는 어려운 기사를 많이 싣기 때문에 처음에는 'World', 'Health', 'Food' 섹션에서 짧은 기사를 읽으며 워밍업을 하는 것이 좋다. 이런 연습을 통해 내공이 쌓이면 'U.S. Politics', 'Business', 'Editorial review' 섹션에서 본격적으로 리딩 공부를 하면 되는데, 특히 논평이나 사설은 어려운 어휘와 고급스러운 문장이 많이 나오기 때문에 심도 있는 리딩 연습을 할 수 있다는 강점이 있다.

뉴스나 시사 쪽은 너무 어려울 것 같아 망설이는 분들에게는 조금 생소할 수도 있지만 라이프핵(www.lifehack.org)을 추천한다. 라이프핵은 미국에서 인기 있는 생활 코칭 사이트로, 자기계발, 심리학, 건강, 인생철학 등을 주제로 한 칼럼을 제공한다. 자기계발서나 에세이, 짧은 정보성 글을 좋아하는 분들이 흥미를 가질 만한 사이트다. 생활 속 꿀팁을 많이 제공하기 때문에 텍스트만 영어일 뿐, 잡지를 보는 듯한 느낌이 들어 부담감 없이 이용할 수 있다는 장점이 있다. 나는 여동생의 추천으로 라이프핵을 알게 되었는데, 여동생은 매일 아침 라이프핵에서 마음에 드는 글 한 편을 골라 읽는 것으로 뇌를 깨우며 하루를 시작한다고 한다. 매일매일 적은 시간을 들여 효율적으로 영어 실력을 향상시킬 수 있는 무척이나 좋은 습관이라고 생각한다.

리딩이나 리스닝보다 영어로 멋지게 글을 쓰고 싶은 분들도 있을 것이다. 영작문에 관심이 있는 분들에게는 데일리라이팅팁스(www.dailywritingtips.com)를 추천한다. 이름을 통해 알 수 있듯 작문에 관련된 팁을 제공하는 사이트다. 리딩 연습도 할 수 있고, 작문법도 익힐 수 있어 영작문을 배우고자 하는 분들에게 많은 도움이 될 것이다. 영어로 글을 쓰기 위해서는 다양한 종류의 작문 스타일과 그에 따른 복잡한 형식들을 집중해서 배워야 한다. 이런 것들을 익히기 위해서는 우선 여러 권의 원서를 읽으며 좋은 구절이나 멋진 표현들을 기록해두었다가 핵심 단어를 다양한 동의어로 바꾸는 연습을 해보는 것이 좋다. 영작문은 리딩이나 리스닝보다는 좀 더 많은 시간을 할애하여 깊이 있게 공부할 것을 권한다.

다음으로 꼭 추천하고 싶은 것은 TED(www.ted.com)다. 새로운 트렌드, 연구의 흐름, 인문 과학 등 다양한 분야에서 활동하고 있는 강사의 명강의를 무료로 볼 수 있는 교육적이고 학문적인 전문 사이트다. 나는 무언가를 배우는 것을 좋아한다. 주변에서 활자 중독이라고 할 정도로 잠시라도 읽거나 쓰지 않으면 불안해질 만큼 지나치게 배움에 집착하는 편이다. TED는 나처럼 무언가를 배우는 것을 좋아하는 사람들에게 안성맞춤이다. 강의 분량이 15분 내외이기 때문에 부담도 적다. 나는 원서 리딩을 할 때 TED에서 관련 제목, 저자 등을 검색해 강연을 찾아보며 공부하기도 하고, 비슷한 주제의 강연을 들은 뒤 블로그에 포스팅하기도 한다.

영어 리스닝이 부담된다면 TED에서 강의에 해당하는 자막과 스크립트를 찾아 함께 보면서 공부를 시작하는 것도 좋은 방법이다. 리스닝 훈련을 할 때는 일단 자막 없이 강연을 보며 내가 어느 정도까지 내용을 파악할 수 있는지 체크한다. 그런 다음에는 영어 자막을 켠 상태로 자신이 이해한 것과 발음을 비교하며 강의를 보고, 마지막에는 스크립트와 한글 자막을 통해 전체적인 내용을 파악하며 강의를 보면 이해가 훨씬 잘되고, 오랫동안 기억에 남을 것이다. 익숙해질 때까지 이 과정을 반복하다 보면, 자막 없이도 전체 내용을 이해하는 날이 반드시 올 것이다.

딱딱한 TED 강의, 모르는 단어가 가득한 원서를 보고 싶지 않을 때가 분명 있다. 그럴 때는 과감하게 한눈을 팔아도 좋다. 나에게는 그런 한눈팔기가 바로 미드 보기다. 영어 공부를 목적으로 미드를 선택한 사람도 많을 것이다. 하지만 분명 시작은 공부였는데, 어느 순간부터 드라마 내용에 빠져 한글 자막을 켜놓고 눈으로 훑어가며 보고 있지는 않은가? 그 순간 공부는 끝이다. 미드를 통해 영어 표현을 익히고 공부하려면 한글 자막이 아닌 영어 자막으로 시작하는 것이 중요하다. 물론 내용 파악이 잘되지 않아 흥미가 떨어질 수도 있지만, 영상 콘텐츠는 책과 달리 인물과 상황을 보면 이해할 수 있는 경우가 많기 때문에 괜찮다.

요즈음은 넷플릭스나 여러 유료 채널을 통해 미드를 비롯한 다양한 영어 콘텐츠를 집에서 편하게 볼 수 있다. 공부하다 지칠 때 재미있는 미드를 보며 기분 전환도 하고, 미국 문화에 대한 이해와 배경지식을 쌓아나가면 분명 원서 리딩에 도움이 될 것이다.

나와 여동생은 원서와 관련된 영화, 오디오 자료, 비슷한 주제를 다룬 관련 서적 등을 공유하며 의견을 나눈다. 《오만과 편견》의 경우, 어릴 때 이미 읽은 적이 있지만 원서로 다시 읽고자 했을 때 300페이지가 넘는 방대한 양과 수준 높은 단어들 때문에 부담감이 앞섰다. 여동생은 영화를 먼저 보고 원서 리딩을 하는 방법을 택했다. 긴 소설 내용을 짧게 압축해놓은 영화를 통해 잊어버린 기억을 다시 떠올리고, 배경지식을 쌓은 뒤 원서 리딩을 하니 한결 수월하게 진행할 수 있었다.

《Tuesdays with Morrie》를 읽고 나서는 유튜브에서 모리가 죽음을 앞두고 한 인터뷰 영상을 찾아보았고, 함께 읽은 《행복의 조건》의 저자 조지 베일런트(George Vaillant)의 강연을 TED에서 찾아보면서 작품과 작가 그리고 연관된 주제에 대해 더욱 깊이 이해하는 시간을 가졌다.

이처럼 아주 비싼 교재가 없어도, 훌륭한 선생님이 없어도, 영어 공부만을 위해 많은 시간을 따로 내지 않아도 마음만 먹는다면 영어 공부를 할 수 있는 좋은 교재가 주변에 널려 있다. 단순하게 단어, 문법과 같은 한 그루의 나무에 연연할 것이 아니라 더 큰 카테고리인 '영어 공부'라는 울창한 숲을 바라볼 수 있게 된다면 자신만의 방법으로 지식의 스펙트럼을 좀 더 다양하게 넓혀 나아갈 수 있을 것이다.

슬럼프가 오면
잠시 쉬어가자

오랜 시간 대학원에서 공부하는 동안 늘 공부가 재미있고 잘되었던 것은 아니다. 365일 중에 공부가 너무 하고 싶고, 공부를 통해 에너지를 얻고, 공부가 너무 좋아 죽겠던 적은 별로 없었다. 내게 주어진 몫이었기에 꾸역꾸역 한 적도 많다. 이제와 생각하면 그 당시에는 공부밖에 길이 없다고 생각해 그저 매달렸던 게 아닌가 싶기도 하다.

육아도 그렇다. 솔직히 말하면 아이가 365일 내내 예쁘기만 한 것은 아니다. 육체적·정신적으로 고갈된 상태에서는 아이의 짜증을 참아내기가 매우 힘들다. 엄마도 인간인지라 한계점에 다다르면 결국 폭발하고 이성을 잃게 된다. 이런 상태로는 육아도, 일도 제대로 해낼 수 없다는 판단이 들어 스트레스에 관한 책도 꽤 많이 봤다. 수많은 책에서 공통적으로 말하는 것이 있었다.

'스트레스를 안으로만 삭이는 것은 좋은 방법이 아니다.'

혼자 있을 때 큰 소리를 내거나 좋아하는 음악을 크게 듣는 방법 등으로 스트레스 지수를 낮추는 것이 정신건강에 좋다는 뜻이다. 그 후 나는 매주 월요일 아침이면 아이를 데이케어에 보내놓고 주말 동안 아이와 지지고 볶았던 나의 영혼을 달래주기 위해 혼자 운전을 해서 카페로 향한다. 달리는 차 안에서 쿵쾅쿵쾅 신나는 음악을 틀어놓고 고래고래 목소리 높여 따라 부르기도 하고, 그냥 빽! 하고 소리를 지르기도 한다. 그리고 카페에 앉아 따뜻한 아메리카노를 한 잔하고 나면 8시간 후에 데이케어에서 돌아올 아이와 또 한바탕 씨름할 수 있는 에너지가 채워진다. 얼마 전 아이와 함께 본 《임금님 귀는 당나귀 귀》 동화 속 주인공이 왜 대나무 숲에서 울분 섞인 목소리로 비밀을 외칠 수밖에 없었는지 100퍼센트 이해할 수 있다

앞서 이야기했듯 나는 원서 리딩을 나와 아이의 미래를 위한 투자라고 생각했고, 아이를 키우며 무너진 나의 자존감을 일으켜 세울수 있는 하나의 도구라고 생각했다. 실제로 원서 리딩을 통해 육아 스트레스를 제법 날려버릴 수 있었다. 초창기에는 나 자신을 위한 시간을 가질 수 있다는 사실 하나만으로도 주체할 수 없이 기뻤다.

'대체 원서 리딩이 뭐길래 그래? 원서 리딩을 한다고 누가 돈을 주는 것도 아니잖아'라고 생각하는 사람도 있을 것이다. 물론 원서 리딩이 당장 생산적인 활동과 연결되거나, 대단한 비법을 발견하게 해 인생을 단시간 내에 180도 달라지게 만드는 것은 아니다. 하지만 아이와 늘 함께 지내며 나를 위한 시간이 거의 없었던 그때의 나에겐 매일같이 반복되는 일상을 잠시나마 피할 수 있는 '돌파구'가 필요했다. 원서 리딩을 할 수 있는 시간이 나에게는 그런 돌파구가 되어주었고, 나를 언젠가 더 괜찮은 곳으로 데려다줄 수 있는 동아줄 같은 존재라 여겨졌다. 무엇보다 원서 리딩을 하는 동안은 다른 걱정하지 않고 책 속 내용에만 집중할 수 있어서 참 좋았다. 살림을 하면서 TED 강연을 보고, 아이를 보면서 오디오북에서 나오는 좋은 문장들을 듣는 나만의 지적 활동이 참으로 만족스러웠고, 운전을 하며 아이를 데리러가는 짧은 시간에 듣는 NPR 뉴스는 내게 세상 그 어떤 노래보다 황홀한 행복감을 선물해주었다.

　비록 잠자고 쉴 수 있는 시간을 상대적으로 줄일 수밖에 없었고, 블로그에 리뷰까지 올리게 되면서 몸은 이전보다 2~3배 더 바빠졌지만, 이 모든 것을 나 자신을 발전시키고 사랑하는 시간이라 여기고 열심히 달렸다. 그 순간만큼은 누구의 엄마, 누구의 아내가 아닌 오롯이 나 자신만을 생각할 수 있어 좋았다.

하지만 위기는 늘 이렇게 모든 것이 제자리를 찾아가는 듯한 순간에 찾아오기 마련이다. 원서 리딩만 할 수 있는 여유 있는 상황이 아니다 보니 회사 일이 갑작스럽게 많아진다거나, 아이가 갑자기 아파데이케어에 가지 못하고 집에서 돌봐야 한다거나, 느닷없이 남편이 바빠져 늦게 퇴근하거나 학회 일정으로 출장 스케줄이 잡히면 나는 육체적·정신적으로 다시 한 번 한계에 부딪혀 모든 에너지가 일순간에 고갈되고 말았다.

그런 상황이 되면 안 그래도 충분하지 않았던 수면 시간은 더 부족해졌고, 원서 리딩을 해야 할 것들은 계속 뒤로 밀려 쌓여만 갔다. 자리 잡아가던 규칙적인 생활 리듬이 한꺼번에 와르르 무너지게 될 때마다 '이 상황에 내가 이걸 읽어서 뭐하지?' 하는 회의적인 생각마저도 들었다. 거기서 한 발짝 더 나아가 '이렇게 아등바등 살아야 할 이유가 있을까? 그래봤자 달라지는 것은 아무것도 없잖아' 하며 스스로에 대한 강한 연민이 나를 무겁게 잠식해가기도 했다. 사실 그럴 때도 스스로 한 다짐을 지키고자 원서를 펼치곤 했는데, 늘 영혼 없이 눈으로 글자만을 간신히 쫓았다. 형광펜으로 줄을 긋고 노트에 옮겨 적으며 고민하던 평소의 열정적인 나의 모습은 사라지고 흐릿해진 눈으로 알파벳만을 간신히 쫓아가는 좀비 같은 모습으로 변해 있었다.

솔직히 고백하자면, 원서 리딩을 하면서 한 달 내내 열정적이었던 적은 거의 없었다. 예상치 못한 일들이 여기저기서 고개를 들고 일어나 일상을 무너뜨렸기 때문에 3분의 1은 영혼 없는 리딩을 해야만 했다. 그래서 블로그 리뷰를 자세히 보면, 열정적으로 시작했던 처음과 질풍노도의 시간을 거치고 다시금 꾸역꾸역 제자리로 돌아와 열정을 되찾은 후반부로 이루어진 리뷰가 유난히 많다.

아이가 태어나기 전에는 슬럼프가 찾아오면 하던 일을 반나절에서 하루 정도 올 스톱시키고 나를 돌보는 시간을 가졌다. 하지만 지금은 일과 육아를 병행하다 보니 슬럼프가 와도 예전처럼 혼자 24시간을 어딘가에 틀어박혀 있을 수가 없다. 원서 리딩을 통해 영어 공부를 하겠다고 결심한 많은 엄마들도 나와 사정이 다르지 않을 것이다. 어떤 날은 책이 술술 잘 읽혀 '내가 이렇게 영어를 잘했었나?' 하며 신이 나다가도, 어떤 날은 책이 꼴 보기도 싫어 내팽개쳐버리고 싶고, 또 어떤 날은 책을 무지막지하게 읽고 싶은데 아이와 실랑이를 벌여 녹초가 된 나머지 책장을 넘길 힘도 없는 그런 날들이 무한 반복될 것이다. 책에 집중하고 싶은 마음에 조용한 곳으로 가 혼자만의 시간을 보내고 싶지만 아이와 남편, 일에 대한 부담감 때문에 선뜻 나설 수도 없는 실정이다. 그렇다고 슬럼프에 굴복해 모든 것을 놓아버릴 수는 없기에 요즈음은 이런 자잘한 슬럼프를 겪을 때마다 다양한 방법을 동원해 겨우겨우 힘든 시간을 흘려보내고 있다.

우선 가장 쉽게 슬럼프를 넘길 수 있는 방법은 가급적이면 똑같은 슬럼프는 겪지 않겠다는 생각으로 슬럼프를 있는 그대로 느끼며 관찰하고 다시 올라올 에너지를 축적하는 것이다. 유학 생활을 시작한 지 얼마 되지 않아 나는 심각한 향수병과 함께 무기력증, 우울증을 겪어야만 했다. 밤마다 울다 지쳐 잠들곤 하는 날들이 이어졌다. 하루는 이대로는 안 되겠다 싶어 무거운 감정들을 조금이나마 덜어내고자 학부 때 세미나 수업에서 인연을 맺게 되어 나의 유학을 적극적으로 도와주셨던 심리학 교수님께 도움을 요청하는 이메일을 보냈다. 교수님은 따뜻한 내용이 가득 담긴 답장을 보내주셨고, 나의 슬럼프와 우울증에 대해 다음과 같은 처방을 권유하셨다.

　'슬럼프는 극복하려고 노력하면 할수록 더 깊이 자신을 데리고 들어가요. 그러니 일단 지금은 바닥까지 내려가 보고 다시 올라올 힘을 키우세요. 그래야 나중에 또 다른 슬럼프가 오면 지금보다 더 금방 이겨낼 수 있을 거예요.'

　교수님의 날카로운 충고에 나는 한동안 더 슬럼프 속을 헤매다 바닥을 간신히 치고 서서히 올라왔다. 당시 거의 한 달가량 폐인으로 살다시피 했는데, 교수님의 말씀대로 그 후에는 내성이 생겼는지 향수병으로 인한 슬럼프는 다행히도 짧게 겪어가며 여기까지 올 수 있었다.

원서 리딩을 할 때 겪는 슬럼프를 극복하기 위해서도 이 방법을 적용해볼 수 있는데, '다시 읽고 싶어질 때까지 원서를 절대 들여다보지 않는 것'이다. 하기 싫은 것을 억지로 하려고 하다 보면 시간만 낭비할 뿐 능률도, 효율도 절대 오르지 않는다는 것을 누구나 한 번쯤 경험해봤으리라 생각한다. 그렇게 되면 더군다나 강제성이라곤 전혀 없는 나만의 영어 공부를 중도에 포기할 가능성만 높아질 뿐이다. 사실 공부나 일이 절대적으로 하기 싫은 날은 하지 않는 게 상책이다. 그렇게 해도 하늘이 무너지지 않는다. 지금 읽고 있는 원서가 나에게 맞지 않다는 생각이 든다면, 과감하게 포기하고 서점으로 가서 재미있어 보이는 원서를 찾아 배회하는 것도 좋다.

자존감을 세우고, 자기계발을 해야 한다는 의무감으로 자신을 너무 몰아세울 필요는 없다. 내가 아니어도 남들이 나를 계속해서 벼랑 끝으로 밀어붙이는 세상이다. 이럴 때 나만은 나 자신의 편에 서서 나를 아끼고 철저히 보호해주어야 하지 않을까? 그저 나에게 이 슬럼프를 딛고 일어설 시간을 준다고 생각하고, 폭풍처럼 자신의 마음을 헤집어놓는 풍랑이 가라앉고 다시 공부하고 싶은 마음이 들 때까지 한 발짝 떨어져 느긋하게 바라보자.

하지만 한편으로는 업무와 같은 강제성과 책임, 의무가 강하게 접목된 부분에서의 슬럼프는 앞서 이야기한 방법대로 내팽개쳐버리고 다시 기분이 나아질 때까지 마냥 기다리며 손 놓고 쉴 수만은 없다. 하루 이틀 휴식이야 그러려니 하지만, 일주일 내내 일을 하지 않다가는 회사에서 좋은 소리를 듣지 못할 것이다. 그래서 나는 일과 관련된 슬럼프는 일할 수 있는 환경을 자주 변화시키면서 조금씩 떨쳐내려 노력하고 있다. 재택근무를 하는 나는 조용한 서재에 틀어박혀 일하는 것을 좋아하는데, 슬럼프가 오거나 일에 대한 집중과 흥미가 떨어지는 것을 느끼면 가방을 챙겨 무조건 밖으로 나간다. 그리고 좋아하는 카페, 서점, 도서관 등을 배회하며 다양한 환경에 나를 노출시키고, 그 자극을 통해 조금이라도 집중해 일하며 슬럼프를 털어내려 노력한다.

이와 같은 방법을 원서 리딩에도 적용해볼 수 있다. 늘 읽고 공부하는 공간에서 벗어나 조금은 색다른 공간에서 원서 리딩을 하는 것도 좋은 방법이다.

나와 여동생이 블로그 구독자들과 한 약속이 있다. 한 달에 한 권 원서 리딩을 하고, 일주일에 한 번 원서에 대한 리뷰를 포스팅하는 것. 그 약속은 꼭 지켜야 한다고 생각하기 때문에 원서 리딩을 하기 싫은 순간들과 맞닥뜨리면 조금 다른 방법을 써보고 있다. 예를 들어 한창 원서 리딩을 하는 중에 갑자기 슬럼프가 오거나 급격하게 흥미가 떨어져 리딩에 대한 거부감이 들면, 보고 있던 페이지를 잠시 접어두고 과감하게 뒷부분부터 읽기 시작한다. 오늘 정해놓은 페이지 수만큼만 읽으면 되기 때문에 어느 부분부터 봐야 하는지는 아무 상관이 없다. 희한하게도 결말을 미리 확인하고 나면 다 읽은 듯한 착각에 빠져 마음이 한결 편안해지고, 어떻게 이런 결말이 도출되었는지에 대한 흥미가 스멀스멀 올라온다. 그럴 때 잠시 접어둔 부분으로 돌아가 재미있게 읽곤 한다.

마지막으로 소개하고 싶은 방법은 앞서 이야기했듯 다른 매체를 이용해 원서와 관련된 내용을 보며 잠시 쉬는 것이다. 예를 들어,《노인과 바다》,《오만과 편견》,《작은 아씨들》,《키다리 아저씨》등의 고전은 유튜브나 인터넷에 검색해보면 관련 자료가 넘쳐난다. 영화를 먼저 봐도 좋고, 드라마를 먼저 봐도 좋다. 하다못해 아이들이 즐겨 보는 만화를 봐도 좋다. 자신이 읽고 있는 원서와 관련해 좀 더 흥미롭게 다가오는 매체를 선택해 내용을 미리 파악하면서 스트레스로 얼룩진 마음을 내려놓고 여유를 되찾아보자. 이런 시간을 갖는 것이 원서 리딩을 하는 데 많은 도움이 된다. 게다가 원서에 대한 배경지식을 조금이라도 더 쌓으면 다시 원서를 펼쳐 들었을 때 좀 더 여유롭게 읽으며 좀 더 빠르고 재미있게 공부할 수 있다.

《논어》의 〈옹야편〉에 이런 글이 나온다.

"아는 사람은 좋아하는 사람을 이기지 못하고, 좋아하는 사람은 즐기는 사람을 이기지 못한다."

사실 공부도 즐기며 해야 능률이 오른다. 즐기지 못하면 그저 단편적인 지식만을 머릿속에 꾸역꾸역 넣는 의미 없는 정신적 학대가 되어버릴 뿐이다. 자신에게 찾아온 슬럼프를 방관하거나 무시하지 말고, 자신을 돌봐달라는 신호로 생각해야 한다. 그 신호에 가장 적합한 방법으로 응답하고, 자신을 추스르고 다시 일어설 힘과 에너지를 얻을 수 있다면 슬럼프란 삶에 있어 결코 마이너스의 시간이 되지 않을 것이다. 사실 슬럼프 따위 이렇게 바꿔 생각하면 아무것도 아니다.

'나 애까지 낳은 여자야!'

3

영어는 단어로
시작해서
단어로 끝난다

문법보다
중요한 어휘력

요즈음 나의 주 대화 상대는 아이다. 아이와 이런저런 이야기를 나누다 보면, 아이가 영어를 배우는 과정이 내가 해온 영어 공부와 참 비슷하다는 생각이 든다. 아이가 영어로 말을 잘하는 편이기는 하지만 아직 어리기 때문에 영어와 한국어 모두 발음이나 단어가 완벽하지 않아 자신만의 언어로 이야기하는 경우가 있다. 그래서인지 나를 제외한 사람들은 아이가 하고자 하는 말을 이해하지 못할 때가 많다. 내가 옆에서 척척 통역을 해주면 "넌 어떻게 아이가 하는 말을 다 알아듣니?" 하며 놀라곤 한다. 물론 내 아이이기에 관심이 많기 때문이기도 하지만, 나는 아이가 말을 할 때 핵심 단어를 알아차리려고 노력한다. 가능하면 아이가 하는 말을 잘 이해해서 소통하고 싶기 때문이다.

어느 날은 아이가 데이케어에서 'stair(계단)'라는 단어를 배웠는지 계단을 올라가자고 하면서 "Mommy, downstairs!"라고 말했다. 그래서 나는 아이에게 "계단을 올라가고 싶어? 그럼 'upstairs'라고 하는 거야"라고 바로잡아준 뒤 아이의 손을 잡고 계단을 올라갔다. 이렇게 아이의 말에 오류가 있으면 내가 올바르게 수정해 말해주며 아이와 대화를 이어나간다. 이런 과정을 몇 차례 반복하면 아이는 내 말을 귀담아 들었다가 다음에는 정확하게 표현한다. 계속되는 연습을 통해 하루가 다르게 성장하는 아이를 보면 '우리의 영어 공부도 이와 같은 과정의 반복이 아닐까'라는 생각이 든다.

중고등학교 시절에 방학 때만 되면 영어를 제대로 공부해보겠다고 다짐했다. 그러고는 《성문 기초 영문법》이나 《Grammar in use》의 첫 페이지부터 차근차근 공부를 시작했던 기억이 난다. 학생 때는 문법이 영어 공부의 시작이라고 생각했다. 영어 공부를 다시 해보고 싶지만 문법이 어려웠던 기억 때문에 지레 겁먹고 포기하는 사람이 생각보다 많다. 문법, 물론 중요하다. 특히나 영어는 한글과 어순이 다르기 때문에 문법 공부를 할 때 더욱 주의해야 한다. 익혀야 하는 용법도 매우 많다. 하지만 미국에서 18년을 살면서 외국인과 대화를 나누거나, 글을 읽거나, 작문을 할 때 문법을 완벽하게 아는 것보다 더욱 중요한 것이 있다는 것을 깨달았다. 그것은 바로 '풍부한 어휘력'이다.

여동생에게 처음 혼자 미국 여행을 준비했을 때 가장 걱정했던 것이 무엇이었냐고 물은 적이 있다. 그때 여동생은 '입국 심사'라고 답했다. 예상치 못한 답이었기에 처음에는 웃음이 나왔지만, 나중에 곰곰이 생각해보니 그럴 수도 있겠다는 생각이 들었다.

미국 땅을 밟기 전에 비행기를 타고 온 모든 사람이 통과해야 하는 첫 관문이 바로 입국 심사대다. 그곳은 제복까지 갖춰 입은 낯선 사람이 영어로 질문하면 귀를 쫑긋 세우고 가능한 한 많은 말을 알아들어 제대로 된 대답을 내놓아야 하는 곳이다. 여동생은 처음에는 인터넷에서 찾아본 대로 멋진 문장으로 대답하고 싶었지만, 오히려 간단하게 말하는 게 정확할 것 같아 단어로만 승부를 봤다고 했다.

실제로는 입국 심사관이 생각하기에 답변자가 영어를 잘하지 못하는 것 같으면 "Travel? or business?"와 같이 예를 들어주기도 하고, 가능하면 간결하고 명확하게 묻기 때문에 생각보다 아주 어렵지는 않다. 지금껏 수도 없이 미국과 한국을 오가면서 인터넷에서 괴담으로 떠도는 악명 높은 입국 심사관은 한 번도 만난 적이 없다.

영어를 문장으로 말해야 한다는 압박감에 말도 안 되는 문장을 길게 늘어놓거나 부정확한 표현으로 불필요한 오해를 만드는 것보다는 여동생처럼 간단하게 정확한 의사전달만 하는 것이 더욱 현명한 방법이라고 생각한다. 입국 심사관은 상대가 영어를 잘하는가를 판단하는 사람이 아니라, 방문 목적이 확실한지, 미국에서 불법적인 일을 저지르지는 않을지를 판단하는 사람이다. 따라서 영어를 못한다고 해서 방문이 불허되지는 않는다. 여동생은 무사히 입국 심사를 마치고 시작된 미국 여행에서 간절히 필요했던 건 '문법'이 아닌, 상황에 따라 적절하게 사용할 수 있는 '단어'라고 말했다.

우리가 영어 공부를 할 때 집중해야 하는 것은 외국어에 있어 가장 기본이 되는 '단어'다. 특히나 원서 리딩을 할 때는 문장 속 핵심 단어를 알아야 한다. 단순하게 '이 단어 하나쯤 이해하지 못하면 어때!' 하고 넘길 수도 있지만, 그런 단어들이 쌓이고 쌓이면 문장 자체의 독해가 불가능해지고, 결국에는 전체적인 글의 내용과 흐름을 파악할 수 없게 되어버린다. 물론 내가 단어의 중요성을 강조한다 해서 문법 공부가 아예 불필요하다는 것은 아니다. 문법은 언어에서 일종의 룰이자 약속과도 같은 것이기 때문에 정확한 언어를 구사하기 위해서는 반드시 문법 공부를 해야 한다. 하지만 이 부분에 있어 좀 더 무게를 두어 말하고 싶은 것은 공부의 우선순위를 조금 달리 두어보면 어떨까 하는 것이다. 원서 리딩을 할 때는 우선 핵심 단어 위주로 공부해 어느 정도 어휘력을 향상시키고, 그 후에 문장을 통해 문법을 익혀나가도록 하자.

핵심 단어를 이해하는 것이 문장 해석에 있어 얼마나 중요한지 《이솝우화》의 에피소드 중 하나인 〈The Shepherd's Boy And The Wolf〉를 살펴보자.

A Shepherd's Boy was tending his flock near a village, and thought it would be great fun to hoax the villagers by pretending that a Wolf was attacking the sheep: so he shouted out, "Wolf! wolf!" and when the people came running up he laughed at them for their pains.

우리에게 너무나도 익숙한 〈양치기 소년과 늑대〉 이야기다. 일단 쭉 읽어보면, 생각보다 크게 까다로운 문법은 없다. 그렇다면 해석도 매끄럽게 잘할 수 있는지 스스로에게 한 번 물어보자. 모르는 단어가 없다고 해도 문장이 길고 다양한 수식 구조가 등장하기 때문에 다소 까다로운 문장이라 할 수 있다. 주어와 동사를 파악하는 데는 전혀 문제가 없지만, 문장을 정확하게 해석하기 위해서는 가장 먼저 동사에 집중해 의미를 파악해야 한다.

이 문장 속에서 다소 낯설게 보이는 2개의 동사가 등장하는데, 바로 'tend'와 'hoax'다. 사전을 찾아보니, tend는 '돌보다'라는 뜻이고, hoax는 '특히 불쾌한 일에 대해 거짓말 혹은 장난질을 하다'라는 의미다. 이 문장을 직역해보면 이렇다.

양치기 소년이 마을 근처에서 양 떼를 돌보고 있다가, 늑대가 양들을 공격하는 척하면서 마을 사람들을 속이는 것이 너무나도 재밌겠다고 생각했다. 그래서 그는 "늑대다! 늑대다!" 하고 외쳤고, 사람들이 뛰어왔을 때 양치기 소년은 그들의 고통을 보며 웃어댔다.

위의 긴 문장에서 핵심적인 내용을 담고 있는 부분은 "it would be great fun to hoax the villagers by pretending that a Wolf was attacking the sheep"다. 또한 이 문장 속에서의 핵심 단어는 동사인 'hoax'다. 이처럼 핵심 문장을 추릴 수 있는 것은, 핵심 단어가 동사인 'hoax'라는 걸 파악할 수 있는 것은 미리 'hoax'의 의미를 파악해 두었기 때문이다.

중요 단어를 제대로 파악하는 것은 원서 리딩을 할 때는 물론, 듣기 실력 향상에도 도움이 된다. 많은 사람이 듣기는 말하는 속도가 빨라 알아듣지 못하는 것이라고 생각하지만 실제로는 핵심 내용이 무엇인지 모르기 때문에 이해하지 못하는 경우가 많다. 즉 핵심 단어들만 제대로 파악해 들을 수만 있다면 완벽한 문장을 이해하지 못하더라도 큰 문제없이 상대방이 말하고자 하는 것을 이해할 수 있다.

듣기 실력 향상을 위해서는 발음이 비교적 정확한 뉴스를 보는 것이 도움이 되지만, 일단 시사 상식이 필요하고, 고급 단어와 전문 용어가 자주 등장하기 때문에 처음부터 도전하기에는 어려울 수 있다. 우선은 가벼운 마음으로 미드나 영화를 보면서 대사 속 핵심 단어를 듣는 연습을 해보자. 주인공의 대사를 들으며 단어의 의미를 파악해보고, 나중에 자막을 보며 해당 단어를 다시 반복해 들어보면 조금 더 쉽게 의미를 파악할 수 있다.

아이를 임신했을 때, 초반에 조금 위험한 상황들이 있어 거의 누워서만 생활했다. 그때 침대에서 조금 오래된 미드인 〈Gilmore Girls〉 시리즈를 참 열심히 보았다. 〈Gilmore Girls〉는 서른두 살의 워킹맘 로렐라이와 열여섯 살의 사춘기 딸 로리의 이야기다. 유학 시절에 잠깐 보다 접었는데, 임신하고 아이의 성별이 딸이라는 것을 확인한 뒤 나와 태어날 아이를 드라마 속 엄마와 딸에 대입시켜 보면서 흠뻑 빠졌다.

나는 모녀의 대사를 들으며 영어 공부를 했다. 일단 자막 없이 드라마를 쭉 보다가 이해가 되지 않는 문장이 나오면 멈추고 자막을 켰다. 그리고 그 문장을 여러 번 반복해서 보면서 문장을 이해하고, 왜 내가 그 문장을 바로 이해하지 못했는지 파악해보려 애썼다. 대부분의 경우 단어가 문제였다. 낯선 단어가 나오면 문장의 길이와 상관없이 제대로 이해하지 못한다는 것을 깨달았다. 그래서 새롭게 알게 된 단어는 단어장에 적어놓고 여러 번 반복해 외우며 내 것으로 만들기 위해 노력했다. 이렇게 익힌 단어를 이후에 다른 문장 속에서 듣거나 보게 되면 더욱 정확하게 이해할 수 있게 된다.

《몰입영어》의 저자 황농문 교수는 "영어 공부의 목표를 영어권 4~5세 수준의 듣기·말하기로 잡고, 그 또래 아이들이 언어를 습득하는 방식을 따라야 한다"라고 이야기했다. 그리고 그 숙달도란 주어니 목적어니 하는 문법 요소를 고려할 틈도 없이 자동으로 문장이 튀어나올 정도는 되어야 목표를 달성한 셈이라고 했다.

4~5세 원어민의 영어 수준이 별것 아니라고 생각할 수도 있지만, 이 나이대의 아이들은 약 2,000단어를 이용해 문장을 만들고 자신의 의사를 표현한다. 우리가 이 정도 영어 실력이 된다면 매우 다양한 문장을 만들고 구사할 수 있으며, 심지어 일상생활에서 원어민과 간단한 의사소통을 아무 문제없이 할 수 있는 수준이 된다고 봐야 한다. 이처럼 우리도 영어 공부의 목표를 너무 높게 잡지 말고, 앞으로 천천히 2,000단어 정도를 배우고 공부하겠다고 다짐하면서 오늘

부터 차근차근 단어의 탑을 쌓아 올리다 보면 좀 더 쉽고 빠르게 목표치에 도달할 수 있을 것이다.

　나는 어학연수를 위해 미국에 온 후배들에게 종종 "영어의 시작과 끝은 단어야. 단어로 시작해서 단어로 끝나"라고 조언한다. 일단 단어를 많이 알면 말을 할 때 다양한 어휘를 구사할 수 있고, 듣기를 할 때도 핵심 단어를 좀 더 쉽게 파악할 수 있다. 또 리딩을 할 때도 훨씬 수월하게 해석할 수 있어 공부하는 재미가 배가 된다.

　외국어를 배우고 공부하는 데 있어 단어는 가장 먼저 익혀야 할 기초라고 생각한다. 원서 리딩을 통한 영어 공부는 어찌 보면 문장 속 단어들을 퍼즐처럼 조합해 문장을 해석하고, 그 안에서 예전에 배운 다양한 문법이나 표현을 자신의 기억 속에서 *끄집어내는* 과정이다. 좀 더 재미있게, 좀 더 효율적으로 리딩을 하기 위해서라도 단어 공부는 필수이고, 단어가 핵심이 되어야 한다는 점을 다시 한 번 강조하고 싶다.

단어 암기의 비법은
'이미지화'

중간에 원서 리딩을 포기하는 가장 큰 이유는 불쑥불쑥 튀어나오는 모르는 단어 때문이 아닐까 싶다. 앞서 자신에게 맞는 원서를 고를 때 무작위로 한 페이지를 펼쳐 읽어보고, 그 페이지에 모르는 단어가 2~3개 정도이면 자신의 수준에 맞는 원서이고, 좀 더 공부하고 싶다는 생각이 든다면 모르는 단어가 4~5개 정도 나오는 원서를 선택하라고 이야기했다.

자신의 수준에 맞는 원서를 골랐다고 해도 어떤 페이지에서는 모르는 단어가 5개 이상 등장하기도 하는데, 그럴 때면 일일이 사전을 찾는 것이 귀찮아지기 시작한다. 모르는 단어의 의미를 무턱대고 파악하려고 애쓰다 보면 그 단어의 뜻은 이해가 가지만 정작 중요한 전체적인 글의 흐름을 놓치기 쉽다.

여기서 가장 큰 문제는 단어가 아니다. 문장의 의미를 파악하지 못하면, 원서 리딩의 재미를 느끼지 못하고 쉽게 포기하게 된다. 결국 재미있게 원서 리딩을 할 수 있는 가장 좋은 방법은 어휘력이 풍부해서 사전을 많이 찾지 않고 한 번에 끝까지 쭉 읽는 것이다. 하지만 영어가 모국어가 아닌 우리의 경우 모르는 단어 없이 원서를 읽기란 쉬운 일이 아니다. 결국 원서 리딩에서도 어휘력이 가장 큰 무기가 된다는 것을 다시 한 번 깨닫게 된다.

그렇다면 어떻게 해야 어휘력이 늘까? 물론 매일 많은 시간을 투자해 영어 사전이나 단어장에 있는 단어를 암기하면 된다. 당연히 시간을 많이 들이면 어휘력이 빨리, 많이 향상될 것이다. 하지만 이 방법은 사회생활을 하는 직장인이나 아이를 키우는 엄마들에게 적합하지 않다. 또한 대학 입시 때처럼 단어에 동그라미를 치며 외우는 방법은 목적 없이 단순하게 암기하는 식이라 그 순간에만 잠시 기억에 남을 뿐, 시간이 지나면 잊어버리기 때문에 상당히 비효율적이다. 결국 다시 사전을 찾고, 또 찾는 일을 반복하게 되고 말 것이다. 시간을 적게 들이면서 효율적으로 단어를 알아가기 위해서는 무턱대고 암기하는 것보다 다음의 방법들을 추천한다.

우선은 모르는 단어의 뜻을 문장 흐름에 맞춰 유추해보는 것이다. 다음은 《이솝우화》의 첫 번째 에피소드인 〈The Fox And The Grapes〉의 첫 문장이다.

A hungry fox saw some fine bunches of grapes hanging from a vine that was trained along a high trellis, and did his best to reach them by jumping as high as he could into the air.

처음 문장을 읽었을 때 'trellis'라는 단어에서 막혔다. 일단 'trellis'는 동사가 아니기에 당장 정확한 뜻을 알지 못해도 문장을 이해하는 데는 큰 무리가 없어 보였다. 그래서 바로 사전을 찾기보다는 이 단어의 뜻을 곰곰이 생각해보았다. 우선 배고픈 여우가 포도밭에 가서 포도를 보고 있다. 뒷부분을 보면 여우가 점프해서 닿으려고 노력하는 것으로 보아, 포도가 높은 곳에 있을 거란 생각이 들었다. 이 문장을 읽으면서 '높은'이란 뜻의 'high'가 'trellis'를 수식하고 있어 포도가 나무에 높이 달린 어떤 모양을 가리키는 것이라 유추할 수 있었다. 그래서 노트에 'trellis'의 뜻을 '포도나무에 포도가 달린 어떤 모양'이라고 적어두고, 에피소드를 끝까지 읽고 난 후 사전을 찾아보니 'trellis'는 '격자무늬 구조물'이란 뜻이었다. 정확하게는 포도가 높은 격자무늬 구조물을 따라 달린 것으로 해석할 수 있었다. '격자무늬 구조물'의 정확한 뜻은 몰랐지만, 유추해본 뜻과 사전적 의미가 어느 정도 가깝다는 것을 알게 되었다.

위의 예시를 통해 단어를 유추하는 방법을 정리해보자면, 우선 모르는 단어가 나와도 바로 사전을 찾지 않는다. 일단 표시해두고 앞뒤 문장을 읽어가며 이 단어가 무슨 뜻일지 생각해보고 자신이 생각하는 뜻을 노트나 여백에 적어놓은 후 넘어간다. 문장을 다 읽은 후에 사전을 찾아 단어의 뜻을 확인한 뒤 자기 생각과 비교해 정리한다. 그리고 사전적인 의미로 그 문장을 다시 한 번 정확히 해석해본다. 이런 훈련을 계속하다 보면, 단어의 의미를 추론하는 정확도가 점점 높아지는 것을 알 수 있다. 또한 기억에도 오래 남는다.

단어의 의미를 알기 위해 문맥을 살펴보며 추론해보고, 이후 사전을 찾아 자신이 생각한 뜻과 비교해가며 정확한 의미를 이해한 후 다시 해석해보는 단계를 차례차례 거치면 모르는 단어를 세 번 이상 공부한 것과 같은 효과를 거둘 수 있게 된다.

이때 주의해야 할 점은 모르는 단어가 동사가 아닌 경우에만 해당한다는 사실이다. 영어에서는 동사가 문장의 핵심이다. 동사는 단어하나로 의미를 전달할 수 있고, 문장에 대한 가장 많은 정보를 가지고 있기 때문이다. 따라서 동사를 모르면 해석이 아예 안 되는 경우가 많기 때문에 바로 사전을 찾아 의미를 확인한 후 넘어가는 것이 좋다.

물론 이렇게 단어의 의미를 유추해가며 읽는다 해도 짧은 시간에 어휘력이 눈에 띄게 확 는다거나 모르는 단어를 단번에 기억하는 것은 불가능하다. 영어는 우리가 늘 사용하는 언어가 아니기 때문에 모른다고 표시해둔 단어를 일상생활에서 반복적으로 사용하여 익히기가 상당히 어렵다. 그러니 이 과정을 자연스럽게 받아들이고 원서 리딩을 하는 동안 포기하지 않고 유추해가는 과정을 꾸준히 반복하는 것이 중요하다. 이 과정을 몇 번이고 반복하다 보면 결국 그 단어를 정확하게 기억하는 때가 온다. 단어는 반복 학습이다. 하나의 단어를 자신의 것으로 만들려면 반복되는 과정과 노력이 필요하다는 사실을 잊지 않았으면 좋겠다.

처음 블로그에 원서 리뷰를 시작했을 때 여동생으로부터 단어를 익히는 효과적인 방법을 한 가지 배웠다. 나는 모르는 단어가 나오면 유추 후에 사전을 찾곤 했는데, 여동생은 물론 사전도 이용하지만, 구글을 통해 단어를 검색한 후 이미지와 함께 암기하는 방법을 사용했다.

예를 들어, 《Tuesday with Morrie》에 "Within a few years, the campus became a hotbed for culture revolution"이라는 문장

이 나온다. 단어 하나하나 뜯어보면 어려운 단어가 없어 보이지만 'hotbed'라는 단어에서 해석이 살짝 막혔다. '뜨거운 침대라는 뜻인가?'라는 생각이 가장 먼저 들었다. 사전을 찾아보니 ' ~의 온상'이라고 적혀 있었다. 사전에서 온상은 "한랭한 시기에 특별히 보온 설비를 갖추고 인공적인 가열을 하여 기르는 묘상"이라고 설명되어 있었지만 쉽게 이해가 되지 않았다. 그럴 때는 단어를 구글 이미지에 검색해서 확인해보면 간단하다. 다음은 'hotbed'를 구글 이미지에서 검색해서 확인한 이미지다.

이렇게 이미지로 단어의 뜻을 확인하니 단어의 사전적 의미를 좀 더 확실하게 이해할 수 있었다. 나는 여동생이 알려준 이 방법이 기억에 오래 남는 좋은 방법이라고 생각해 지금도 잘 활용하고 있다.

이 방법이 익숙해진다면 짧은 시간 안에 많은 단어를 더욱 효율적으로 익힐 수 있을 거라 생각한다. 하지만 이 방법은 명사에 가장 적합하다. 모르는 단어가 추상적인 의미이거나 부사, 형용사 같은 수식어 또는 문장을 해석할 때 가장 중요한 역할을 하는 동사라면 검색해도 이해할 수 있는 이미지를 찾기가 어려울 수 있으니 이 점을 유의하기 바란다.

2013년 12월 런던에서 개최된 세계기억력선수권대회에서 일본인 최초로 '세계 기억력 그랜드마스터'가 된 이케다 요시히로는 자신의 저서 《뇌에 맡기는 공부법》에서 자신의 기억술의 비법은 '이미지(그림)로 외우는 기술'이라고 이야기한다. 뇌는 문자나 숫자 등의 정보는 잘 외우지 못하지만 영상은 잘 외우기 때문에 뇌와 이미지는 찰떡궁합이다. 영어 단어를 암기하는 과정에서도 이미지로 단어를 기억하면 좀 더 쉽게 머릿속에 오래 저장된다. 실제로 사전을 활용했을 때보다 구글 이미지를 활용했을 때 더 오랫동안 단어를 기억했다.

아이가 처음 단어를 배우기 시작했을 때를 떠올려보자. 내 아이의 경우, 한글 단어에 관심을 보이기 시작해 낱말 카드를 반복적으로 보며 놀이처럼 학습하고 있다. 아이가 아직 어려 한글을 읽을 줄은 모르지만 그림을 보고 그림에 해당하는 단어를 말한다. 모르는 단어를 반복해서 가르쳐주면 금세 기억하고는 곧잘 알아맞힌다.

바로 이 방법이 이미지와 단어를 정확하게 매칭하여 기억하는 가장 좋은 예라고 할 수 있다. 외국어로 된 단어를 배우는 것은 어린아이가 처음 보는 단어를 배워가는 과정과 비슷하다고 생각한다. 따라서 이미지로 단어를 매칭하는 낱말 카드처럼 단어에 해당하는 이미지를 찾아 기억하고, 그것을 계속해서 반복한다면 그 단어는 어느새 자신에게 익숙한 단어가 될 것이다. 아이가 마트에서 처음 수박을 보고 정확하게 '수박'이라고 말하는 것을 보았던 순간처럼 짜릿한 희열을 만끽할 순간이 곧 찾아올 것이다.

처음에 자전거 타는 법을 배울 때는 자주 넘어지지만 그런 과정을 반복하다 보면 어느 순간 뒤에서 누군가가 잡아주지 않아도 잘 달리게 된다. 하지만 오랜 시간 자전거를 타지 않으면 어떻게 될까? 자전거를 처음 타보는 것처럼 비틀거리며 잘 타지 못할 수도 있다. 그러나 두려움을 이겨내고 몇 번만 페달을 밟아보면 몸이 자전거를 탔던 방법을 기억해내 다시 잘 달릴 수 있게 된다.

나는 영어 단어를 외우고, 어휘력을 늘리는 과정도 어찌 보면 자전거를 타는 것과 비슷하다고 생각한다. 꾸준히 연습해야만 다른 사람의 도움 없이 자전거를 탈 수 있듯, 모르는 단어와 익숙해지려면 힘들어도 포기하지 않고 꾸준하게 반복하는 것이 중요하다. 또 한동안 자전거를 타지 않아도 몸이 기억하듯, 잠시 영어 공부를 소홀히 했어도 일단 원서를 펼쳐 읽다 보면, 단어의 의미를 유추하는 방법이나 이미지 매칭을 통해 잊었던 단어가 다시 생각날 것이고, 조금만 노력하면 짧은 시간에 자신의 것으로 만들 수 있다.

우리는 원서 리딩을 하는 동안 처음 보는 낯선 단어, 철자는 익숙한데 기억이 나지 않는 단어들과 계속해서 마주하게 될 것이다. 처음부터 무턱대고 모르는 단어를 찾아 적어놓고 문장을 해석하기보다는 나만의 상상력을 동원해 의미를 유추해보자. 그리고 사전적인 의미 자체가 이해하기 난해한 경우에는 구글 이미지를 활용해 매칭해보며 단어를 하나씩 하나씩 익혀나가자. 그러면 원서에서 모르는 단어가 불쑥불쑥 튀어나와도 당황하지 않고 기분 좋게 문장들을 읽어나갈 수 있을 것이다. 모르는 단어가 익숙해져 어느 순간 나의 어휘력 사전 속에 추가되는 보람을 느껴보길 바란다.

마인드맵 동의어 정리로
어휘를 확장한다

어느 날 서점에 가서 'motherhood' 섹션을 쭉 훑어보는데,《CRAZY 3》라는 제목이 눈에 들어왔다. 아이가 두 살이 막 지났을 무렵이라 책 제목만 보고 혼자 웃고 말았는데, 지금은 이 책을 구매해야 하나 무척이나 고민하고 있다. 33개월이 된 아이는 'NO!' 병에 걸렸다. '이렇게 하자', '저렇게 할까?' 하는 나의 권유와 거듭된 물음에 돌아오는 대답은 언제나 'NO!'다.

아이를 아침에 데이케어에 보내려면 한 시간은 기본으로 실랑이를 벌인다. 아이는 아침마다 나와 남편의 한계점을 테스트한다. 우리 부부는 번갈아가며 간신히 화를 억누르고 아이를 가까스로 데이케어에 등교시킨다.

하루는 이런 고충을 담당 선생님께 이메일로 털어놓았다. 선생님은 아이를 픽업하러 온 나를 붙들고 긴 조언을 해줬다. 아이는 지금 지극히 정상적인 발달 과정에 있는데, 이 과정에서 루틴으로 자리 잡혀서는 안 될 나쁜 버릇들은 다잡아주어야 한다고 단호하게 말했다. 예를 들어 아빠와 함께 데이케어에 등교할 때 차에서 내리지 않고 울고불고 매달린다고 다시 집으로 돌아가면 그 과정을 끊임없이 반복할 수밖에 없다고 했다. 그러니 아이가 계속 울며 토할 때까지 고집을 부리더라도 냉정하게 교실로 데리고 들어와 자신에게 맡겨달라고 말했다. 진심에서 우러나온 고마운 충고였다.

미국 엄마들이나 선생님들은 아이들을 단호하게 대할 때가 많다. 굉장히 자유롭게 키우는 듯해도 그들만의 강한 룰이 있다. 하루는 한 아이가 선생님의 얼굴을 장난감으로 무심코 때린 것을 목격했다. 조금 전까지만 해도 친구처럼 다정했던 선생님은 눈빛으로 아이를 제압하며 "선생님은 ○○이가 장난감으로 선생님 얼굴을 때리는 것을 원치 않아. 또 그렇게 행동하는 것은 잘못된 일이야. 알아듣겠니?"라고 엄하게 주의를 주었다. 그 말을 들은 아이는 자신도 선생님을 때려놓고 놀랐는지 울 것 같은 표정으로 고개를 연신 끄덕였다. 그러자 선생님은 아이를 가슴에 꼭 안고 달래주었다.

미국에서는 체벌이 엄격하게 금지되어 있고, 말로도 아이를 학대하면 큰 문제가 발생한다. 얼마 전에는 한국에서 온 엄마가 무심코 아이에게 "그렇게 말을 듣지 않으면 옷을 다 벗겨서 내쫓을 거야"라고 혼을 냈는데, 그 말을 들은 아이가 학교에 가 자신의 친구에게 전했고, 친구의 엄마가 한국인 엄마를 신고한 해프닝도 있었다. 늘 정도에서 벗어나지 않는 언어로만 엄하게 훈육해야 하는 상황인지라 한국어로도 그리고 영어로도 같은 단어라도 다르게, 상황에 따라 적절하게 사용할 수 있는 방법이 뭐가 있을까 늘 고민이 된다.

교환 학생 시절, 호기롭게 첫 학기에 'Academic Writing'이라는 작문 수업을 신청했다. 미국에서는 대학 학부 시절에 다양한 작문 수업을 필수로 들어야 하는데, 'Academic Writing'은 가장 기본이 되는 작문 수업이었다. 교수님이 숙제로 내주신 글을 읽고 둥그렇게 모여 앉아 자신의 의견을 말하고 경청하는 토론 수업으로 진행되고, 늘 형식이 다른 페이퍼를 적어야 하는 힘든 수업이었다.

그때는 영어가 익숙하지 않았기에 한국어로 초안을 쓰고 번역하듯 영어로 바꿔 페이퍼를 적어 갔고, 수업이 끝날 때마다 교수님의 호출을 받았다. 작문 수업을 들어본 적이 있느냐 하는 질문을 시작으로 나를 향한 교수님의 걱정은 시간이 흐를수록 점점 더 깊어졌다. 사실 그때만 해도 내 작문에 무슨 문제가 있는지 전혀 몰랐다. 어떤 형식으로 써야 하는지, 왜 같은 단어를 반복해서 쓰면 안 되는지 등에 대한 배경지식이 하나도 없었다.

교수님은 결국 그 반에서 가장 실력이 좋은 여학생을 불러 나를 부탁하셨다. 다행히도 그 여학생은 나의 작문 과제를 한 학기 동안 도와주겠다고 했다. 나는 매일 그녀를 만나 아웃라인을 짜고, 다양한 영어 작문 형식과 동의어 사용법 등에 대해 배웠다. 같은 단어는 동의어 사전을 찾아 가장 가까운 뉘앙스를 가진 단어로 바꿔야 한다는 것을 서서히 깨달았다. 미국에서는 '작문'을 매우 중요하게 생각한다. 제각각 다른 형식을 익혀 제대로 된 포맷을 따르는 것보다 더 중요한 것은 최대한 중복된 단어가 없는 매끄러운 글을 적는 것이다. 그들이 말하는 Vocabulary Redundancy를 피하는 것! 이것이 영어 작문에 있어 넘버원 룰이다.

앞서 이야기했듯 영어 공부에서 가장 기초가 되는 것은 '단어'다. 단어들을 계속해서 확장해가며 공부할 수 있는 방법은 바로 동의어를 통한 암기다. 동의어란 철자나 발음이 달라 다른 단어라고 생각되지만 뜻이 비슷한 단어를 가리키는 것으로, 'Synonym'이라고 한다.

동의어들을 효율적으로 공부하고자 한다면 영영사전을 활용하는 것이 좋다. 영영사전은 단어의 의미를 쉬운 영어로 풀어 설명하기 때문에 뜻을 이해하면서 자연스럽게 비슷한 동의어까지 파악할 수 있다. 영영사전을 활용할 때는 단어의 활용을 보여주는 예문을 빼놓지 않고 봐야 한다. 동의어를 사용할 때 보통은 사전에 나온 단어들로 대체하여 사용할 수 있지만, 사실 단어가 주는 뉘앙스가 조금씩은 다르다. 따라서 이 부분을 주의해서 살펴보고 인지하려면 영영사전에서의 뜻풀이와 더불어 예문을 통해 같은 뜻이라 할지라도 각기 다른 뉘앙스를 익히는 감각을 키우는 것이 중요하다.

이처럼 영영사전에 나온 예문들을 살펴보면 따로 연습장에 수백 번씩 단어를 적지 않아도 자연스럽게 단어와 문장 표현을 익히게 되고, 좀 더 기억에 오래 자리 잡게 된다. 영한사전이 좀 더 찾기 편하고, 좀 더 수월하게 이해할 수 있지만 영영사전을 참고하는 습관을 들여야 한다. 그래야 예문을 통해 단어들을 복습할 수 있는 기회를 가질 수 있고, 각기 다른 뉘앙스도 파악할 수 있다. 우리처럼 시간이 부족한 엄마들에게는 가장 효율적인 단어 공부법이 아닐까 싶다.

나는 교환 학생 시절부터 작문 과제를 할 때나 논문을 쓸 때면 영영사전과 더불어 동의어 사전을 옆에 두고 고군분투하곤 했다. 지금도 서류 작업을 할 때면 늘 모니터에 동의어 사전을 열어놓고 작업을 하는데, 나를 비롯해 미국에서 가장 많은 사람이 활용하는 동의어 사전이자 온라인 사이트는 Thesaurus(www.thesaurus.com)가 아닐까 싶다. 동의어 사전의 경우, 단어가 가진 뜻에 따라 연관성이 높은 동의어를 순서대로 제시해주기 때문에 같은 단어가 가진 뉘앙스의 차이점을 영영사전보다 좀 더 명확하게 확인할 수 있다. 따라서 원서 리딩을 할 때 모르는 단어가 있으면 영영사전을 이용해 단어의 의미를 이해하고, 동의어 사전을 이용해 관련도가 높은 동의어를 메모해 두는 습관을 들이는 방법도 어휘력을 빠르게 향상시킬 수 있는 좋은 방법이다.

요즈음은 종종 아이에게 낱말 공부를 시킨다. 영어와 한국어로 된 낱말 카드를 가장 많이 활용하는데, 같은 단어와 그림이 반복되다 보니 어느 정도 시간이 지나자 아이가 지루해하기 시작했다. 그래서 뭔가 새로운 방법이 없을까 고민하게 되었고, 고민 끝에 찾은 것이 바로 '마인드맵 기법'이다.

마인드맵을 소개하자면, 영국의 심리학자이자 비즈니스 창의성의 대가인 토니 부잔(Tony Buzan)이 제안한 기법으로, 학습과 기억을 도와주기 위해 종이 위에 아이디어를 정리하는 시각적이면서도 가장 빠르게 암기를 도와준다. 한 가지 단어에 대한 생각과 정보들을 다발처럼 연결된 지도로 그리는 기법이기에 '클러스터 기법'이라고도 불린다. 종이 한가운데에 원을 그려 열쇠가 되는 단어나 구절을 적고, 자유 연상을 통해 떠오른 생각들을 한 단어나 구절로 표현해 둥그런 원을 그려가며 적어나가는 것이다.

마인드맵 기법을 활용하면 우선 아이가 공부라고 생각하지 않고, 엄마와 그림을 그리며 논다고 생각해 처음 시작할 때 호기심을 유발

할 수 있다. 종이 한가운데에 원을 그리고 'Apple'이라고 적은 뒤 아이에게 물어보았다.

"'애플' 하면 뭐가 생각나니?"

이때 아이의 머릿속에 연상 작용이 일어나고, 그 과정을 통해 단어 활용 수준이 자연스럽게 향상된다. 아이는 'red', 'delicious', 'monkey', '많이', 'pear', 'fruit' 등으로 답했고, 나는 아이가 불러주는 단어를 적으며 원을 채워나갔다. 아이는 이것이 그림 그리기인 줄 알고 굉장히 흥미를 느끼며 꽤 오랜 시간 집중했다.

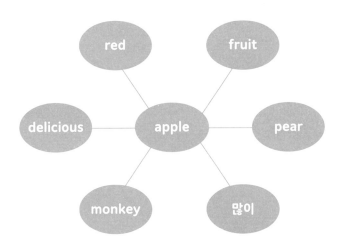

아이와의 단어 연상법을 통한 마인드맵 활용법 예

이와 같은 마인드맵 기법을 동의어 암기에도 활용할 수 있다. 아이를 낳고 나서는 깜빡깜빡 하는 일이 많다. 그런 나에게는 이 시각적인 정리법이 상당히 효율적이었다. 이렇게 마인드맵 기법을 활용해 단어와 동의어를 암기하다 보면 메인이 되는 단어에서부터 뉘앙스가 가장 약한 단어까지 뻗어나가는 모습을 한눈에 파악할 수 있기 때문에 입체적으로 단어를 외울 수 있는 효과도 있다. 나처럼 기억력이 감퇴하고 있는 사람이라면 이미 알고 있는 단어들을 정리하고, 새로운 단어들을 추가해가면서 좀 더 많은 단어를 빠른 시간 내에 암기할 수 있는 마인드맵을 강력하게 추천한다.

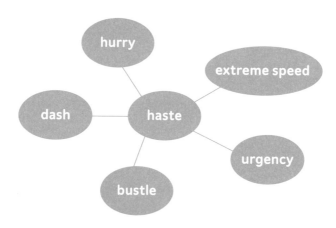

'haste(서두름, 급함)'에 대한 동의어 정리 예

모든 언어가 그렇겠지만, 특히나 영어는 같은 단어의 반복을 싫어한다. 한글로 쓰인 글도 계속해서 같은 단어가 반복되면 글을 보는 입장에서 단조롭다 못해 지루하게 느껴진다. 누구나 그런 글을 좋은 글이라고 생각하지 않는다. 영어로 말을 할 때도 마찬가지다. 같은 단어를 반복해서 사용하면 듣는 사람을 집중시킬 수 없다. 이런 이유로 듣기 공부를 할 때도 동의어를 많이 알아두면 자연스럽게 더 잘 들리고 뉘앙스에 따른 표현의 차이점까지도 이해할 수 있다.

영어 실력 향상을 위해 단어와 그에 해당하는 다양한 동의어를 놓치지 말고 공부할 것을 강조하고 싶다. 오늘부터라도 영영사전으로 모르는 단어를 체크하는 연습을 하고, 예문을 통해 단어들이 가지고 있는 뉘앙스를 익히는 훈련을 해보자. 그리고 마인드맵 기법을 활용해 다양한 동의어를 적어가며 게임을 하듯 재미있게 공부하는 습관을 들이자.

문장과 단어는
단락별로 정리한다

대학교에 막 입학했을 때, 유명 영어 학원에 등록해 토플과 〈타임〉 강독을 듣기 시작했다. 독해 능력을 키우기 위해서는 〈타임〉 강독만큼 좋은 게 없을 거란 판단에서 내린 결정인데, 그 반에서 내가 제일 어렸다. 나는 늘 어려운 독해에 끙끙거리며 간신히 하루하루 진도를 따라갔다. 새벽에 일어나 버스를 두 번이나 갈아타며 가야 하는 학원이었음에도 불구하고 강의가 시작되기 전에 조금이라도 미리 예습하고 싶어 늘 10~20분씩 일찍 학원에 가곤 했다. 그러던 어느 날, 독해 강사님께서 나를 쭉 지켜보셨다며 이렇게 조언해주셨다.

"무턱대고 읽지 말고 단락마다 주요 단어에 표시를 해두세요. 그리고 중요한 문장은 밑줄을 그어 표시하고, 그 문장을 요약해서 옆에 적어놓으세요. 그렇게 하면 나중에 기사를 다 볼 필요 없이 단락마다 자신이 요약한 주요 문장만 보고도 원문 내용 대부분을 파악할 수 있어요. 이 같은 방법으로 원서도 보고, 신문도 보고, 잡지도 보고 하다 보면 독해가 재미있어지고 효율적으로 공부할 수 있어요. 그런데 왜 1학년이 이 어려운 〈타임〉 강독을 들어요? 미팅도 하고 좀 놀지…."

강의를 하실 때 워낙 농담을 안 하시는, 연세가 좀 있으신 강사님이었던지라 곁에 와 말을 거실 때 바짝 긴장했는데, 좋은 팁을 알려주셔서 너무 감사했다. 나는 지금까지도 이 방법을 나의 공부와 일 그리고 독서 생활 전반에 걸쳐 하나의 좋은 습관처럼 활용하고 있다.

나는 한글로 된 종이책을 읽을 때 좋은 문장이나 단어가 나오면 형광펜으로 밑줄을 긋고, 중요하다고 생각되는 부분은 페이지를 접어놓거나 접착식 메모지로 표시를 해두었다. 이렇게 하면 나중에 다시 책을 보고 싶을 때 그 부분들만 찾아보면 되었기에 참으로 유용했다. 하지만 어느 정도 시간이 흐르자 새로 읽어야 할 책들이 계속해서 늘어났고, 그로 인해 읽었던 책을 다시 펼쳐보는 일이 거의 없었다.

해마다 책장에 공간을 마련하기 위해 이미 읽은 책은 박스에 담아지하실 창고로 보낸다. 성격상 책을 버리지 못해 쌓아두다 보니 지하실 창고를 정리하거나 어쩌다 이사 준비를 할 때면 남편의 잔소리를 듣곤 하는데, 남편의 잔소리 무게만큼 책들은 계속해서 쌓여만 갔다. 종종 다시 보고 싶은 책이 생기거나 갑작스럽게 블로그에 소개하고 싶은 책의 구절이 떠오르면 지하실 창고에 내려가는데, 내가 원하는 책이 그 많은 상자 중 어디에 있는지 알 수 없어 한숨만 내쉬다 포기하고 올라온 적이 많다. 이런 이유로 나는 컴퓨터에 독서 노트 폴더를 만들고 그 안에 내가 읽은 책들을 기록하기 시작했다. 독서를 단순한 취미가 아닌 '노동'과 '공부'라고 생각하니 더욱 신중하게 노트를 적게 되었다. 나는 노트에 감명 깊었던 문장, 더 공부하고 싶은 내용 등을 메모하고 있다.

이처럼 한글로 된 종이책을 읽을 때부터 만들어진 습관은 원서 리딩을 할 때도 계속되었다. 일단 나는 예전 〈타임〉 독해 강사님께서 조언해주신 방법대로 원서를 읽어가며 각 단락의 주요 단어, 핵심 문장들을 정리해서 적어두고 나중에 컴퓨터 파일에 정리하는 방식으로 공부하고, 여동생은 새롭게 알게 된 단어, 기억에 남는 문장, 나와 함께 이야기 나눠보고 싶은 주제, 블로그 구독자들에게 소개하고 싶은 중요한 문법 등을 노트에 따로 정리하는 방식으로 공부하고 있다.

사실 나보다는 여동생이 꼼꼼하고 원서 리딩을 통해 영어 공부를 하고자 하는 학구열이 높은지라 노트를 더 잘 만들고 활용을 잘한다. 여동생은 이렇게 노트에 정리를 해두면 다시 기억을 떠올리고 싶을 때 책을 일일이 살펴보지 않아도 노트를 펼치면 바로 찾아볼 수 있어 시간 절약도 되고 매우 효율적이라고 말했다.

요즈음에는 종이책보다 이북을 훨씬 많이 보는데, 컴퓨터나 휴대폰 메모 애플리케이션을 이용하다 보니 정리하는 것이 좀 더 편해졌다. 이북 애플리케이션으로 책을 읽고 중요한 문장이나 단어에 바로 중요 표시를 한 뒤, 각 단락의 주요 내용을 메모장에 기록해두고, 나중에 따로 노트에 표시한 내용과 메모장에 적힌 내용 위주로 정리해가며 기록한다. 나는 주로 에버노트나 구글 문서와 같은 애플리케이션을 이용하여 노트를 만들고, 이 노트를 이메일이나 메신저를 이용해 여동생과 공유한다. 여동생과 함께 노트를 만들고 공유하면서 가장 좋았던 것은 한 권의 원서를 읽으며 두 가지 시선을 경험해볼 수 있다는 점이다. 자매라서 생각도 비슷할 줄 알았는데, 여동생과 내 생각의 차이가 얼마나 큰지 느낄 때가 많다. 무엇보다 노트를 교환하며, 토론을 하니 혼자서 원서 리딩을 할 때보다 훨씬 더 깊이 있는 리딩을 할 수 있고, 서로 모르는 단어와 어려운 문법을 알려줄 수 있다. 원서 리딩을 통해 영어 공부를 하고자 한다면 이러한 노트를 만들어볼 것을 추천한다.

노트가 중요하다는 것은 알지만 과연 어떻게 노트를 만들어야 할지 막막하게 느껴질 수도 있다. 학창 시절 필기 좀 한다는 학생들처럼 색색의 펜으로 팬시하게 노트를 만들 필요는 없다. 그저 복습한다는 생각으로, 자신이 읽고 있는 원서를 나만의 스타일로 정리한다는 생각으로 가볍게 시작하면 된다.

다음은 《키다리 아저씨》의 원서인 《Daddy-Long-Legs》를 리딩할 때, 여동생이 정리한 노트의 일부분이다.

2018/12/09(p.121~140)

villain (n) (in a film, novel, or play) a character whose evil action or motives are important to plot

p. 124
I can't imagine any joy life greater than sitting down in front of a mirror and buying any hat you choose without having first to consider the price!

나는 거울 앞에 앉아 당신이 골라준 모자를 사는 것, 게다가 첫 번째 고려할 것이 가격이 아니라는 것보다 더 큰 삶의 즐거움이 어떤 건지 상상 할 수조차 없어요.

stocial (a) enduring pain and hardship without showing one's feeling or complaining

    여동생은 원서 리딩을 한 날짜, 그 날 읽은 총 페이지 수, 중요하다고 생각하는 단어, 새롭게 공부하게 된 단어를 적고, 감명 깊게 읽은 부분은 자신만의 해석을 덧붙여 노트를 만들고 있었다. 여동생의 정리 방법이 정석이라고 생각하진 않는다. 하지만 우리는 단어와 핵심 문장을 집중적으로 공부하는 것이 중요하다고 생각하기 때문에 노트 정리를 시작하려는 분들께 하나의 좋은 예로 소개하고 싶다. 여동생이 정리한 노트는 매달 원서 리뷰가 마무리되면 함께 원서 리딩을 한 분들이 참고할 수 있도록 블로그에 올려두는데, 많은 분들이 도움이 되었다며 칭찬 가득한 피드백을 준다. 노트는 원서 리딩을 하며 공부하고 정리하는 게 목적이므로 스스로 가장 편한 방법으로 자주 살펴볼 수 있게 정리하는 것이 가장 중요하다.

    하루 분량의 원서 리딩이 끝난 후, 이렇게 중요 단어와 핵심 문장 등을 노트에 정리해두면 다시 한 번 복습할 수 있고, 언제든 노트만 펼치면 몰랐던 단어, 중요한 문장들을 확인할 수 있어 편리하다. 게다가 원서 리딩을 할 때마다 이렇게 노트를 만들어두면 다 읽은 책들을 책장에 보관하지 않아도 되어 공간적인 여유가 생기고, 컴퓨터

나 휴대폰에 노트를 저장해두기 때문에 보고 싶을 때마다 언제든지 파일을 열어 확인할 수 있어 접근성이 용이하다. 무엇보다 이런 노트 파일이 하나둘 늘어날 때마다 읽은 원서의 수도 그만큼 늘었다는 증거가 되다 보니 그에 따른 성취감도 느낄 수 있다. 이런 성취감은 원서를 계속해서 읽을 수 있는 원동력이 되며, 영어 공부를 하는 엄마에게 무엇과도 바꿀 수 없는 큰 재산이 된다. 지금부터라도 읽고 있는 원서에 대한 주요 단어와 문장들을 정리해나갈 나만의 노트를 만들어보는 것이 어떨까.

단어 중심의 촌스러운 해석이
가장 좋다

내 아이는 《이솝우화》 중 〈개미와 베짱이〉를 가장 좋아한다. 동물에 흠뻑 빠져 있을 시기이기도 하지만, 'grasshopper'라고 하는 곤충에 흥미가 생긴 모양이다. 하루는 유튜브에서 〈개미와 베짱이〉 만화 영상을 찾아 보여주었는데, 희한한 생김새를 한 곤충이 바이올린을 켜고 노래를 부르는 모습을 보고는 어디선가 인형 액세서리인 첼로를 들고 와 바이올린처럼 켜며 노래를 불러 남편과 한동안 자지러지게 웃었다.

나는 아이가 한국어도 잘했으면 하는 마음에 늘 잠자리에 들기 전에 영어 동화책 한 권을 읽어주고 곧바로 한국어로 해석해 다시 한 번 읽어준다. 아이가 이해하기에 의미적으로 어려울 때도 있지만, 아이는 한국어로 된 사물의 단어나 동사 표현 등을 듣는 것만으로도 매우 재미있어 한다. 영어 동화책은 문장이 짧고 쉬운 단어들로 구성되어 있는 편이라 어른이 바로바로 해석할 수 있어 아이와 함께 영어 공부를 하는 데 적합하다. 조금 내용이 긴 동화책은 따로 공부한 뒤 나중에 읽어주도록 하자.

나는 조금 난이도가 있는 영어 동화책은 먼저 몇 차례 읽고 속으로 해석해본 뒤 아이에게 들려주는 편이다. 맛있고 영양가가 많은 밥을 준비해 아이에게 주는 것도 중요하지만 재미있는 영어 동화나 한글 동화를 엄마의 목소리로 들려주는 것이야말로 진정 아이를 위한 엄마표 교육이고 좋은 양육 방식이 아닐까?

원서 리딩을 할 때마다 내가 하는 해석이 한글로 된 번역서처럼 매끄럽지 않다는 것을 느낀다. 그리고 좀 더 화려한 수식어를 붙여 자연스럽게 해석하고 싶은 욕심이 스멀스멀 들 때가 있다. 가장 주의해야 할 점이 바로 이 부분이다. 우리는 매끄러운 문장 해석력을 필요로 하는 번역가가 되고자 영어 공부를 하는 것이 아니다. 자기계발을 목적으로 하는 엄마의 영어 공부란 사실을 잊어서는 안 된다.

나는 내가 좋아하는 책이 있으면 원서와 번역서를 모두 구매한다. 원서를 먼저 읽으면 한글로는 어떤 식으로 풀이하고 해석했는지가 궁금하고, 번역서를 먼저 읽으면 원서 속 영어 문장들의 표현이 궁금하기 때문이다. 이처럼 다양한 원서와 번역서를 읽고 비교하면서 느낀 점은 번역서는 원서의 큰 줄기는 유지하지만 일부분의 내용은 번역가의 주관이 들어가 의미가 조금씩 달라지고, 그에 따라 표현도 달라질 수 있다는 점이다. 물론 그런 번역서가 잘못되었다는 것은 아니다. 번역서는 작가가 표현하고자 하는 것을 독자의 시선에 맞게 달리 해석해낼 수 있어야 하기에 원서와는 또 다르게 문학적으로 가치가 높다고 생각한다.

하지만 우리가 원서 리딩을 하는 이유는 유려하게 해석하는 방법을 배우기 위해서가 아니라 영어 공부를 하기 위해서라는 점을 다시 한 번 강조하고 싶다. 번역가가 되기 위해서라면 단어나 구절에 얽매이지 않고 전체의 뜻을 살려 번역하는 의역이 필요할 수도 있겠지만, 우리는 단어와 구절을 일차원적인 의미로 집중해서 해석해야 할 필요가 있다. 그래서 나는 영어를 공부하면서 핵심 단어 위주로 해석하는 촌스러운 해석이 가장 좋은 해석이라고 믿는다.

이것을 보통 '직역'이라고 하는데, 직역을 하면 가장 좋은 점은 내가 모르는 것이 무엇인지 정확하게 파악할 수 있다는 점이다. 단어와 의미를 일대일로 매칭하여 정확히 해석해보려고 할 때 자신이 모르는 것이 주어인지, 동사인지, 수식어인지를 더 확실히 알 수 있게 된다. 우리가 하는 영어 공부를 위한 원서 리딩은 우선 이렇게 시작해야 한다.

　유학 생활 중에 번역 아르바이트를 해서 용돈을 벌어 쓴 적이 있다. 초벌 번역을 위한 프리랜서로 활동하면서 IT에 관련된 매뉴얼 번역이나 짧은 도서의 기초 번역 위주로 일을 했다. 이때도 나는 의역보다는 직역을 중요하게 생각했다. 우선 내가 하는 일이 초벌 번역이다 보니 의미가 매끄럽게 다듬어질 필요가 없었고, 내게 주어진 프로젝트 업무를 명확하게 파악하기 위해서는 직역이 기본이 될 필요가 있었다.

　그렇게 번역을 마친 뒤에는 그 문장 그대로는 의미 파악이 어렵거나 해석이 매끄럽지 않다고 생각되는 경우에만 살짝 의역을 가미해 문장들의 해석을 보충하고 분명하게 하려고 노력했다. 그 후에는 전문 번역가들의 손을 거쳐 다시 문장들이 다듬어지고 재탄생되었지만, 영어 원문을 바탕으로 한 가장 기초적인 직역으로 번역 일을 하면서 나의 부족했던 영어 실력이 조금 더 향상되었다고 자부한다.

　좀 더 자세히 예를 들어 설명하자면 다음 《이솝우화》의 에피소드 중 하나인 〈The Lion And The Mouse〉의 시작 부분을 살펴보자.

A Lion asleep in his lair was waked up by a Mouse running

over his face.

이 문장을 처음 읽으면 대부분 아는 단어이기 때문에 큰 무리 없이 커다란 줄기의 해석이 가능할 것이다. 하지만 'lair'라는 단어를 모른다고 가정해보자. 그래도 일단은 'lair'는 문장 속에서 핵심 단어라고 보기 어려운데다가 중요한 동사가 아닌 명사이기에 모르는 단어이지만 스킵이 가능하다고 판단될 것이다.

그렇게 되면 '잠자고 있는 사자는 그의 얼굴 위를 뛰어다니는 쥐로 인해 잠에서 깨어나졌다'로 두루뭉술하게 해석하고 넘어갈 수 있다. 하지만 우리가 강조하는 것은 '단어'가 중심이 되는 명확한 해석임을 다시 한 번 떠올려보자. 모르는 단어를 찾아 자신의 것으로 만들어야 한다. 사전을 찾아보니 'lair'는 '동굴'이란 뜻이었다. 따라서 '동굴 속에서 잠자고 있는 사자는 그의 얼굴 위를 뛰어다니는 쥐로 인해 잠에서 깨어나졌다'로 좀 더 정확하게 단어들을 매칭하며 해석해보았다. 이처럼 단어 위주로 의역보다는 직역을 통해 원서 속 문장들을 해석하는 훈련을 계속해서 해볼 것을 추천한다.

사실 위 문장처럼 영어에는 '수동태' 문장이 많이 등장한다. 단어 하나하나를 직역하여 해석하다 보면 이런 수동태 문장이 상당히 껄끄럽게 해석된다는 것을 알게 된다. 한국어에서는 수동태 표현을 사용하지 않기 때문에 수동태 표현을 해석하는 것이 자연스럽지는 않다. 그렇다고 해서 구태여 매끄럽게 해석하고자 능동태 형식으로 바꾸어 '사자의 얼굴 위를 뛰어다니는 쥐가 동굴 속에서 잠을 자고 있는 사자를 깨웠다'라고 한다면 의미 면에서는 좀 더 나아진 것처럼 보이지만, 수동태를 능동태로 바꾸어야 하는 노력이 필요하고, 그 과정에서 혹시라도 실수를 하게 되면 전혀 다른 의미로 문장이 해석될 가능성이 있다. 따라서 자신이 없는 경우에는 일단 촌스럽더라도 수동태를 포함한 직역으로 해석하는 훈련을 수없이 반복하는 것이 좋다.

처음부터 욕심을 내 세련된 문장을 구사하려 하지 말고, 조금 덜 자연스럽더라도 직역해서 해석하는 것이 시간과 노력을 덜 들이고 좀 더 효과적으로 공부할 수 있는 방법이다. 자기 스스로 문장을 이해하는 데 큰 지장이 없다면, 단어 하나하나가 꼼꼼히 해석되고 표현 또한 가장 직접적으로 이해되는 직역만큼 정확하고 영어다운 표현을 익힐 수 있는 좋은 영어 공부법은 없다.

직역을 연습하는 가장 좋은 방법은 앞서 이야기했듯 아이에게 영어로 짧은 동화책을 읽어주는 것이다. 요즈음은 한국에도 미국에서 유명한 동화 작가인 에릭 칼(Eric Carle), 마가릿 와이즈 브라운(Margaret Wise Brown)의 책들이 번역되어 판매되고 있지만 일단은 영어로 된 원서 동화책을 구매해 읽어주자. 이런 유명 작가들의 책을 보면 짧은 문장에 재미있는 라임이 계속 반복되기 때문에 우리 아이의 경우, 여러 번 반복해 읽어주면 어느새 마치 글자를 알고 있는 것처럼 흉내 내며 외워 읽기도 한다. 무엇보다 엄마가 아이에게 영어로 동화책을 읽어주다 보면 자신의 영어 발음을 더 신경 쓰게 되고, 주어와 동사, 수식어 순으로 해석하면서 자연스럽게 직역을 하는 훈련도 하게 되어 독해 실력 향상에도 효과가 있다.

육아를 하면서 공부할 시간을 따로 내기 힘들고, 아이가 어릴 때부터 영어에 관심을 갖기 바란다면 이 방법도 좋다. 아이는 이 시간을 공부하는 시간이 아닌, 엄마와 정서적인 스킨십을 나누는 시간이라고 생각한다. 엄마의 사랑을 끊임없이 원하는 아이의 욕구를 채워줄 수 있고, 더불어 엄마도 아이와 함께 책을 읽으며 자기계발의 기회로 삼을 수 있어 일거양득이다.

우선은 원서 리딩을 할 때 너무 세련되게 해석하려는 욕심을 버리자. 말이 거칠거나 문맥상 매끄럽지 않게 느껴져도 의미상 내가 이해할 수 있다면 만족하고 넘어가도 좋다. 다양한 원서를 섭렵하고, 그 안에 있는 수많은 영어 표현을 직역하면서 충분한 연습 과정을 거친 뒤, 어느 정도 영어에 자신감이 붙었을 때 좀 더 세련되게 해석하려는 노력을 통해 다시 한 번 자신의 영어 실력을 늘려나갈 기회를 가졌으면 좋겠다.

지금은 아이에게 영어 동화책을 읽어주고, 그 동화책의 내용을 한국어로 해석해 들려줄 수 있다면 그것만으로도 충분하다. 세련된 문장으로 해석하려고 노력할 시간에 다른 원서 한 권을 더 읽거나 아이에게 영어 동화책 한 권을 더 읽어주는 것이 자신과 아이 모두에게 도움이 되는 시기임을 분명하게 깨달았으면 한다.

읽은 책을
그대로
흘려 보내지
않는다

내 습관이
곧 아이의 습관이 된다

"엄마는 엄마 책 읽을게. 우리 아일린은, 아일린 그림 동화책 읽을 래?"

"Yes, Mommy!"

나는 종종 아이를 책으로 회유하여 옆에 앉힌 뒤 함께 책을 읽곤 한다. 물론 아이가 거절할 때도 있다. 아이가 잠시 혼자 놀 때는 늘 곁에 둔 원서를 펼치는데, 얼마 지나지 않아 아이가 쪼르르 달려와 "Put away, 엄마!" 하고는 책을 빼앗아 도망가며 장난을 친다. 그래 도 나는 늘 꿋꿋이 원서를 가지고 집 안 곳곳을 누빈다. 아이가 갑자 기 30분만 동영상을 보겠다고 할 때도 있고, 혼자 골똘히 생각에 잠겨 놀이를 할 때도 있고, 공부를 한다며 책을 볼 때도 있어 항상 시간에 쫓기는 나는 그럴 때를 미리미리 대비해놓는다.

물론 늘 아이와 눈을 맞추고 이야기하며 놀아주는 것이 바람직한 엄마의 태도일지도 모른다. 하지만 90퍼센트 온몸이 부서져라 놀아주고 나면 나도 인간인지라 10퍼센트는 좀 쉬고 싶다. 그 10퍼센트마저 아이와 부대끼며 방전해버리면 아이가 밤잠을 자는 순간까지 시간이 너무 짜증스럽게 흘러 간다는 것을 잘 알고 있기에 한 템포 쉬어간다는 생각으로 잠시 짬이 나면 단 한 페이지라도 읽을 수 있도록 원서를 늘 곁에 둔다. 낮 시간에 그렇게 잠시라도 원서 리딩을 하면 마음이 홀가분해지고 뿌듯해진다. 마치 밤에 해야 할 일들을 낮에 다 해치운 듯한 기분이 들어 날아갈 것만 같다. 이 기분 좋음은 곧바로 아이와의 시간에도 영향을 미치고, 밤에 일할 시간에 덜 쫓기다 보니 아이가 늦게 잠자리에 드는 날에도 조바심을 내지 않고 좀 더 집중해서 아이와 함께 좋은 밤을 보낼 수 있다.

전문가들은 "아이에게 공부하라고 하지 말고, 먼저 공부하세요!", "아이에게 책 읽으라고 강요하지 말고, 먼저 책을 읽으세요!"라고 말한다. 그 말이 전적으로 옳다고 생각한다. 하지만 현실적으로 실천하기 어려운 순간이 참 많다. 아이를 낳고 얼마 되지 않았을 때부터 나는 궤도에 오른 회사 일을 처리하기 위해 늘 휴대폰을 끼고 살았다.

그때 나와 휴대폰은 한 몸이나 다름없었다. 아이와 놀다가도 틈만 나면 휴대폰을 보며 이메일을 체크하고, 급한 용무가 생기면 직원들에게 바로바로 문자메시지를 보냈다. 그때는 정말 세상에서 가장 바쁜 사람인 것처럼 살았다. 그때마다 아이는 휴대폰에 시선을 빼앗긴 나를 물끄러미 쳐다보았는데, 말을 할 줄 몰라 못했을 뿐이지 자기와의 시간에 집중하지 않고 계속해서 딴짓을 하는 엄마가 참으로 야속했을 것 같다.

그러다 일이 늘어나면서 시터를 구했고, 아이를 맡기고 한동안은 방에서 쥐 죽은 듯이 일했다. 시터와 아이가 함께 있는 방은 늘 조용했다. 시터는 매번 나에게 "아이가 굉장히 독립적이에요"라고 말했는데, 나는 그 말을 긍정적으로 받아들였다. 일하는 엄마로서 내가 해야 할 일을 대신해주는 시터에게 늘 미안하고 고마웠다.

그러던 어느 날, 점심 식사를 하며 아이 방에 있는 모니터를 확인하게 되었고, 그 순간 나는 무너져 내렸다. 태블릿 PC를 보고 있는 시터와 그런 시터 곁에서 뭘 해야 할지 몰라 우왕좌왕하고 있는 아이가 눈에 들어왔다. 설상가상으로 시터는 아이를 아예 자신의 무릎에 앉히고는 함께 태블릿 PC를 보았다. 머리끝까지 화가 치솟고 온몸이 부들부들 떨렸다. 시터를 고용할 때 나의 요구 조건은 단 하나였다. 휴대폰은 급한 용무가 아니면 가급적 사용하지 말 것! 그 조건을 흔쾌히 수락하더니 휴대폰이 아닌 태블릿 PC를 천연덕스럽게 보고 있는 시터에게 배신감마저 들었다. 나와 내 아이를 기만했다는 생각에 더는 아이를 맡길 수 없었다. 그날 나는 결국 시터를 해고했다.

내가 아이를 볼 때는 습관처럼 휴대폰을 보았으면서 시터의 행동은 왜 이해하려 노력하지 않았던 것일까. 어쨌든 그 순간에는 불같이 화가 나 이성적으로 고민하지 못했다. 그날 나는 굳게 다짐했다.

'아이와 함께할 땐 절대 휴대폰을 보지 말자!'

그때부터 지금까지 나는 너무 급해 직원이 긴급 문자로 도움을 요청하거나 전화를 하는 일이 아니라면 휴대폰을 손에 들지 않는다. 요즈음은 아예 휴대폰을 어디에 두었는지조차 신경쓰지 않고 아이가 잠이 들면 그때서야 휴대폰을 찾아 나선다. 그래도 회사는 잘 돌아간다는 것을, 잠을 조금 더 줄여야 했지만 어쨌든 맡은 일은 다 처리할 수 있다는 것을 깨닫게 되었다. 고칠 수 없는 나쁜 습관은 없다. 자기 스스로 마음만 굳게 먹는다면 나쁜 습관 자리에 좋은 습관을 들일 수 있다.

사실 내가 책 읽는 엄마의 중요성을 깨달은 것은 이런저런 시행착오 끝에 세 번째로 고용한 시터 덕분이다. 시터는 나와는 다르게 상당히 차분했고, 아이와 함께 있을 때는 아이에게만 집중해달라는 조건을 무척이나 잘 지켜주었다. 또한 매일 아이를 밖으로 데리고 나가 아이에게 다양한 것을 보여주며 호기심을 충족시켜주었다. 그래서인지 아이는 시터를 잘 따랐다. 그 덕분에 나는 매일 한적한 집 안에서 아이의 눈치를 보지 않고 마음껏 일할 수 있었다.

시터는 아이가 낮잠을 자면 1층으로 내려와 준비해온 도시락을 먹은 뒤 늘 말없이 책을 읽었다. 어느 날은 함께 커피를 마시며 대화를 나누었는데, 시터는 "책을 참 많이 보시네요"라는 나의 질문에 이렇게 대답했다.

"제 아이를 볼 때 책이 제게는 유일한 탈출구였어요."

실례가 될까 싶어 망설이면서 좀 더 자세한 이야기를 물어보았다. 시터는 아이가 어렸을 때 이혼을 했고, 두 아이를 도맡아 키우면서 경제적으로 넉넉하지 않아 힘든 생활을 했다. 그때 돈을 들이지 않으면서 아이들과 함께 오랫동안 놀 수 있는 곳이 어딜까 고민하다 도서관을 떠올렸다. 그래서 매일 아이들과 도서관에 다니며 책을 읽어주고, 자신도 책을 빌려와 읽기 시작했다. 그 후 경제적인 이유와 아이의 성격을 고려해 홈스쿨링을 결정했고, 도서관에서 주최하는 모임에 빠짐없이 참석해 다양한 홈스쿨링 방법을 배워 아이를 직접 가르쳤다. 그리고 얼마 전에 아이는 무사히 고등학교 검정고시를 마쳤다. 시터의 이야기에 순간 울컥했다. 시터는 자신에게 가장 익숙한 곳이 도서관이라 우리 아이도 도서관에 자주 데리고 가는 것이라고 말했다. 그리고 도서관에서 아이가 좋아하는 책을 읽어주며 보내는 시간이 아이에게도, 자신에게도 참 좋다고 말하며 미소를 지었다.

책과 도서관을 좋아하는 시터 덕분에 아이는 거부감 없이 책을 가까이하는 아이로 성장했고, 매주 도서관에 가는 것을 무척이나 좋아한다. 이제 아이에게 책은 하나의 놀이가 되었다. 시간이 날 때면 휴대폰을 집어 드는 시터만 봐오다 책을 집어 드는 시터를 보니 너무나 신기했고, 대화를 나누며 더욱더 신뢰하게 되었다. 하다못해 시터도 이러한데, 엄마가 늘 책을 가까이하고, 함께 도서관에 다니고, 매일 책을 읽어준다면 아이에게도, 엄마에게도 이 세상 무엇보다 값진 습관이 자리 잡을 수 있지 않을까. 오늘부터라도 휴대폰을 손에서 내려놓고, 원서 한 권을 손에 들고 아이와 함께 놀아보자.

미국에서 아이를 키우는 엄마들에게 도서관은 매우 특별한 공간이다. 책을 빌리는 것 이외에도 한국의 문화센터처럼 다양한 프로그램이 일주일 내내 진행되기 때문에 결코 멀리할 수 없다.

아이가 데이케어에 풀타임으로 가지 않았을 때는 늘 월요일과 수요일을 기다렸다. 아이는 월요일 오전에 하는 스토리텔링 타임과 수요일 오전에 하는 댄스 타임을 참 좋아했다. 스토리텔링 타임은 도서관에서 아이 프로그램을 담당하는 전문 사서 선생님이 선택한 책을 다양한 활동과 더불어 연관 지어 읽어주고, 흥미로운 공작 놀이를 하며 새로운 것을 배울 수 있는 시간이었다. 마지막 30분 정도는 아이들이 다 같이 모여 도서관에서 제공하는 다양한 장난감을 가지고 놀 수도 있었다. 댄스 타임은 책과 더불어 음악에 맞춰 다양한 율동을 배우는 시간이었는데, 선생님을 따라 서툴게 움직이며 흥겨워하는 아이를 볼 때마다 참으로 행복했다. 이렇게 도서관은 우리에게 작은 놀이터가 되었다.

우리 동네 도서관에서는 미취학 아동들을 상대로 '유치원 가기 전 1,000권의 책 읽기(1,000 Books Before Kindergarten!)' 캠페인을 진행하고 있다. 만 5세 이전까지 혹은 유치원에 가기 전까지 분야와 주제에 상관없이 도서관에 있는 책이나 자신이 소장한 책을 1,000권 읽으면 도서관에서 상장을 수여해주고, 아이의 이름으로 새로운 책 한 권이 도서관에 기증된다. 마침 아이가 책을 좋아하고, 아이에게 성취감을 느끼게 해주고 싶어 우리 부부는 아이가 두 번째 생일을 맞은 기념으로 이 프로그램에 등록했고, 세 번째 생일을 코앞에 둔 지금까지 아이는 무려 200권의 책을 읽었다. 10권, 20권, 50권, 100권… 읽은 권수가 늘어날 때마다 아이는 도서관에서 작은 선물을 받아왔고, 그 선물을 무척이나 소중하게 생각한다. 아이는 책을 읽으면 도서관에 가서 칭찬도 받고 선물도 받는다는 것을 저절로 깨달아 더 열심히 책을 읽고 도서관에 가는 것을 좋아하게 되었다.

책 읽는 것을 놀이라고 생각하는 아이 덕분에 아이가 책을 읽는 시간 동안 나 역시 원서 몇 줄, 많게는 몇 페이지까지 읽을 수 있는 여유가 생겼다. 오늘도 데이케어에 가서 안을 들여다보니 아이는 소파에 앉아 책을 읽고 있었다. 선생님은 아침에 등교하거나 낮잠을 자기 전에 늘 의젓하게 앉아 자신이 좋아하는 책을 읽는 아이가 대견하다며 입에 침이 마르도록 칭찬하곤 하신다. 요즈음은 아이가 좋은 습관을 가지길 바란다면 부모인 나부터 좋은 습관을 가지고 지키려 노력해야 한다는 생각이 부쩍 든다.

소셜미디어에 등장하는 셀럽들을 보면 그들이 입고, 사용하는 것들이 다 좋아 보여 따라 하고 싶은 충동이 들 때가 있다. 다 큰 어른도 이러한데 아이는 오죽하겠는가. 아이는 늘 자신 곁에 있는 사람을 모방하면서 쾌감을 느낀다. 그 행동이 옳은지, 그른지를 떠나 아이에게는 그저 그 모든 과정이 하나의 놀이로 인식될 것이 분명하다. 그렇기에 아이와 가장 가까이에 있는 엄마들의 좋은 태도와 습관은 자라나는 아이들에게 커다란 영향력을 행사할 수밖에 없다.

얼마 전에 책을 읽다 "당신이 반복적으로 하는 행동, 그것이 바로 당신 자신이다. 그러므로 탁월함은 행동이 아니라 습관이다"라는 문장을 보고 고개를 끄덕였다. 철학자 아리스토텔레스(Aristoteles)의 말이었다. 지금 나의 모습은 어떨까? 아이와 함께 있을 때 자신의 모습이 어떠한지 한 번쯤 돌이켜봐야 할 시점이 아닐까 싶다. 더 늦기 전에 텔레비전, 휴대폰 등에 많은 시간을 소요하는 습관을 버리고, 그 자리를 책에 내어주자. 아이의 손에 휴대폰이나 태블릿 PC가 아닌 책이 들리길 바란다면 엄마인 나부터 책을 집어 들어야 한다. 그리고 틈나는 대로 읽는 모습을 보여주어야 한다. 시간이 없다고 계속해서 핑계를 대기보다는 앞서 이야기한 다양한 방식으로 효율적으로 시간을 운용해 공부하는 엄마가 되어보면 어떨까? 아이가 나중에 엄마의 이미지를 떠올릴 때 어떤 모습이길 원하는가? 늘 휴대폰을 손에 들고 널브러져 텔레비전을 보고 있는 모습을 떠올리게 하고 싶은가? 선택은 우리의 몫이다.

삶에 영감을 주는
문장을 모으고 실천한다

아이를 낳고 나서 '수면 교육' 때문에 고민이 많았다. 그래서 꽤 많은 육아서를 읽었다. 아이를 안지 않고 침대에 눕혀 재우기 위해선 어떻게 해야 하는지, 아이가 혼자 잠을 자게 하려면 어떻게 해야 하는지 공부하듯 꼼꼼하게 읽고 아이에게 적용해보려 무척이나 애를 썼다. 그때만 해도 아이는 서서 안은 채 살짝 바운스를 타며 흔들어줘야 잠을 잤기 때문에 수면 교육이 성공만 한다면 육체적·정신적으로 해방감을 맛볼 수 있을 것만 같았다. 하지만 수면 교육을 시작하자 아이는 울고 또 울었고 매일같이 실패에 실패를 거듭했다. 아이는 갑작스럽게 바뀐 환경과 따스한 엄마 품에서 벗어나 자신의 텅 빈 침대에서 우왕좌왕하면 어쩔 줄 몰라 했다. 울어도 엄마는 왔다가 금방 가버리니 아이는 계속해서 그 상황에서 벗어나고자 자지러지게 울었다. 며칠 그렇게 두면 울다 지쳐 잠들 거란 생각과 다르게 어느 날 아이는 먹은 것을 모두 토해버렸고, 다음 날부터는 열이 오르면서 아팠다. 물론 내가 수면 교육에 있어 전문가가 아니기에 책에서 말하는 다양한 방법을 적용하는 데 문제가 있었을 수도 있지만, 대부분의 아이에게 통한다는 수면 교육이 우리 아이에게는 전혀 통하지 않을 수도 있다는 사실을 그제야 인정하게 되었다. 그 후 나는 '이렇게 해라, 저렇게 하면 안 좋다'라고 말하는 육아서를 절대 읽지 않기로 했다. 지금은 시간이 흐르면 현재 고민하고 있는 문제들이 하나둘씩 자연스럽게 해결될 것이라 믿는다.

나는 육아서 대신 매달 읽는 원서들과 다양한 책에서 느낀 점들을 아이와 남편을 대하는 데 적용하고 있다. '책에서 느낀 점들을 가지고 가족을 대한다고? 그게 무슨 말이야?'라고 생각하는 사람도 있을 것이다. 평균적인 아이들을 위한 지침서나 단계별로 가지 않으면 우리 아이가 평균 이하인 것만 같아 조바심을 내게 하는 육아서에서 벗어나자 정신적인 스트레스가 줄어들었다. 《Tuesdays with Morrie》를 읽으면서는 삶에 대한 감사함과 가족의 중요성, 행복과 자유에 대해 알게 되었고, 틴픽션을 읽으면서는 아이가 자라면서 직접 몸으로 체험하게 될 다채로운 상황들을 간접적으로 느낄 수 있었다. 더불어 그토록 궁금했던 미국 내 복잡한 교육 시스템에 대해 찾아보며 공부할 기회를 가지게 되어 한결 마음이 홀가분해졌다.

또한 《Who Moved My Cheese?》를 읽으면서는 성인들도 변화를 두려워하고 민감하기에 저항부터 한다는 것을 깨달으면서 이 세상에 나와 고작 만 2년을 살고 있는 아이가 마주하고 있는 다양한 변화를 이해하게 되었다. 그리고 아이가 변화에 적응해가며 순간순간 흔들리지만 한 발짝씩 나아가는 과정을 곁에서 지켜보며 열심히 응원해주리라 다짐하는 계기가 되었다.

이처럼 여러 분야의 책들을 접하면서 누구나 공감할 수 있는 부분들은 물론이거니와 예전보다 훨씬 다양한 관점으로 세상을 바라볼 수 있게 되었고, 이런 것들을 일상생활에 적용해가다 보니 책 읽는 즐거움이 두 배, 세 배가 되어가고 있다.

블로그에 원서 관련 연재 코너를 만든 후부터 원서 리딩을 하다가 육아와 관련된 부분, 육아에 적용하면 좋을 만한 구절을 만나면 포스팅하고, 그 문장들 끝에 나의 이야기를 녹여낸다. 그러면 육아를 하고 있는 분들이 많은 공감을 해주고, 다양한 조언을 해준다. 다른 언어와 다른 작가가 주는 색다른 생각들과 경험, 다양한 문화적·사회적 배경 등을 여러 사람과 나누는 것은 재미있고 흥미롭다. 무엇보다 다양한 원서를 읽으며 자연스럽게 배경지식을 쌓을 수 있었고, 그동안 몰랐던 미국 문화를 공부하는 계기가 되었다.

이 지식은 데이케어의 학부형 회의 때 가장 빛을 발한다. 전에는 아는 게 별로 없어 꿀 먹은 벙어리처럼 입을 꾹 닫은 채 다른 엄마들이나 경험이 많은 선생님들의 이야기만 열심히 들었는데, 이제는 아는 것이 조금씩 많아지다 보니 나의 의견을 정리해 다른 사람들 앞에 내놓을 수 있는 자신감이 생겼다. 한국의 교육 시스템과 이런저런 것들을 비교해가며 설명하면 엄마들과 선생님들이 큰 관심을 보이고, 그때마다 커리큘럼 보완에 도움이 되는 것 같아 즐겁게 발걸음을 하곤 한다.

무엇보다 책을 읽는 과정을 통해 무언가를 깨닫고 실천하려는 의지가 중요하다. 읽고 나서 어딘가로 휙 내던져버리면 그 책을 읽는 동안 들인 소중한 시간을 스스로 내동댕이쳐버린 것과 같다. 한 권의 책을 꼼꼼히 다 읽고, 그 시간 동안 얻은 것을 나의 것으로 만드는 독서 과정을 통해 다양한 지혜를 얻을 수 있다. 서두르지 말고 차근차근 책 속에서 느낀 좋은 생각들과 방식을 일상생활에 적용하고, 그 과정과 결과를 통해 긍정적인 영향을 얻는 것! 이것이야말로 원서 리딩을 통한 영어 공부의 최종 목표이자 궁극적인 바람이다.

오래 기억에 남기는
'책터뷰'

나는 아이에게 책을 읽어주면서 혹은 다 읽어준 뒤 읽은 책들의 내용을 묻곤 한다.

"아일린, 조지가 수족관에서 누굴 구해줬지?"

그럼 아이는 "펭귄!"이라고 대답한다. 아이가 만 2세라는 점을 감안해서 느낀 점이라든가 감상을 구체적으로 물어볼 수는 없지만 책 내용을 복습하는 차원에서 이렇게 아이의 주의를 환기시키곤 한다. 나처럼 어린아이를 둔 엄마라면 이런 짧은 문답식 복습이 아이의 학습에 꽤 효과가 있다는 것을 알고 있을 것이다.

얼마 전에 미국 최초의 흑인 대통령 버락 오바마(Barack Obama)의 아내이자 미국에서 가장 영향력이 큰 여성으로 꼽히는 미셸 오바마 (Michelle Obama)의 자서전 《비커밍》을 보게 되었다. 미셸의 아버지는 저녁 식사를 하는 자리에서 그녀와 그녀의 오빠에게 늘 "오늘은 무엇을 새로 알게 되었니?"라고 물었다고 한다. 미셸은 아버지의 매일 반복되는 물음에 무언가 새로 배운 것이 없는 날에는 백과사전을 펼쳐 흥미가 가는 부분을 기억한 후 가족들과 대화를 나누었다고 한다. 나는 아버지의 물음이 지금의 미셸을 만든 것이 아닌가 생각한다.

교육학자들은 '반복'과 '학습'이란 과정을 통해 배우고 익히는 것이 중요하며, 이것이 오래 기억에 남는 방식이라고 말한다. 하지만 우리는 이런 사실을 알고 있으면서도 정작 자신의 공부 방식에는 적용하지 못하고 놓쳐버리는 경우가 많다.

사실 '매달 한 권의 원서 리딩'이 별것 아닌 것처럼 보일 수도 있지만, 한 달을 쪼개고 쪼개 원서 리딩을 해본 사람들은 이 시간과 과정이 별것이라는 생각이 들 것이다. 매일 빠짐없이 정해진 페이지 수만큼 읽고, 단어를 공부하고 외우며, 모국어가 아닌 외국어로 독해하는 과정은 보통의 노력이나 끈기를 가지고서는 절대 해내지 못한다는 것도 알 것이다. 이런 과정을 미리 겪은 여동생과 나는 한 달 동안의 노고를 축하하며, 힘겹게 읽은 책을 오랫동안 기억에 남게 할 수 있는 방법이 없을까 고민하게 되었다. 그리고 고민 끝에 매달 한 권의 원서 리딩을 끝낸 것을 기념하는 장으로 '책터뷰'를 해보기로 했다.

책터뷰란 '책에 대한 인터뷰'의 줄임말로, 원서에 대해 서로 인터뷰하듯 질문하고 답하는 과정이다. 어려운 단어나 문법적인 이해도를 측정하거나 시험하는 것이 아니라 원서가 준 느낌들과 주제에 대해 경계 없이 서로 묻고 답하는 과정이라 할 수 있다. 즉 다시 말해 원서 리딩을 한 뒤 내가 가진 생각들과 느낌을 리딩메이트와 나누며 그 생각의 틀을 좀 더 넓혀가는 과정이다.

책터뷰를 통해 나는 그동안 알 수 없었던 여동생의 다양한 가치관과 내면적인 모습들을 새롭게 발견할 수 있어 기뻤다. 그리고 한층 더 서로를 이해하는 소울메이트가 될 수 있었고, 그 어떤 이야기도 거리낌 없이 허심탄회하게 나눌 수 있는, 세상에 둘도 없는 애틋한 자매가 되었다고 자신 있게 말할 수 있다.

그렇다면 책터뷰를 할 때는 어떤 질문들을 주고받아야 할까? 원서 리딩을 하다 보면 단어, 문법, 독해라는 따분한 3요소를 끊임없이 마주하게 된다. 이런 형식적인 이론들을 적용해 영어 문장들을 해석하고 이해한 후에는 그 문장이 주는 의미와 느낌을 자기 생각과 비교해보며 발전시켜 나아가야 한다. 이것이 바람직한 원서 리딩 방향이다. 이때 좋은 문장을 발견하면, 밑줄을 긋고 자신의 느낌을 적어놓은 뒤 나중에 리딩메이트와 함께 좀 더 자세하게 이야기해본다면 더 많은 정보와 느낌을 공유할 수 있어 오랫동안 기억에 남길 수 있다.

이처럼 책터뷰를 통해 다양한 문장을 인용하여 서로의 느낌을 알아보는 것도 좋고, 나아가 원서가 가지고 있는 주제나 좀 더 폭넓게 생각해볼 만한 사회적·정치적인 이슈 등에 대해 서로 질문해보는 것도 의미가 있다. 예를 들어, 《오만과 편견》을 읽고 나서 우리는 그 시대의 결혼 가치관과 지금의 현대인들, 여성들의 결혼 가치관이 어떻게 변화되었는지에 대한 의견을 주고받았다. 또한 서로가 생각하는 바람직한 결혼이란 어떤 것인지 의견을 나누어보고, 드라마에서 적합한 장면을 골라 예로 들어보기도 했다. 나는 결혼을 한 지 9년이 되어가고, 아이를 낳고 키우고 있는 유부녀와 엄마의 입장에서, 여동생은 싱글인 여성의 입장에서 서로의 가치관과 생각의 다름을 인정하며 재미있게 대화를 나누었다.

원서 리딩을 통해 몰랐던 단어를 몇 개 알게 되고, 어려웠던 문장 몇 개를 해석할 수 있게 되는 기쁨을 맛보는 것도 보람되지만, 그 이상으로 기억에 오래 남게 하려면 책터뷰를 통해 리딩메이트와 함께 원서를 복습해보는 시간을 가져보는 것이 좋다.

책터뷰 질문은 리더만이 아니라 원서 리딩에 참여한 모든 사람이 고민하고 만들 수 있도록 하는 것이 좋다. 자신을 포함한 모든 리딩메이트들이 한 질문에 성심성의껏 답변을 작성하고 공유하는 것이 목표다. 질문이 너무 많으면 지루하거나 집중하기가 어려우니 리딩메이트의 수를 고려해서 각자 만들어야 할 질문의 수를 많게는 2~3개, 적게는 1~2개 정도로 제한하도록 한다. 우리의 경우는 리더에게 자신이 뽑은 질문 2~3개를 보내면 리더가 질문을 취합한 뒤 질문지를 작성해 이메일로 보내준다. 그러면 각각의 질문에 대답을 적어 다시 한 번 이메일로 소통하고, 리더는 그 내용을 정리하여 매달 마지막 주에 원서 리딩을 마무리하며 블로그에 포스팅한다.

책터뷰을 할 때 한 발짝 더 나아가 원서의 주제와 관련된 또 다른 책이 있다면 함께 읽어보자고 제안하자. 그 책에 대해서도 같이 이야기하다 보면 주제에 대해 좀 더 깊이 있는 토론을 할 수 있을 것이다.

우리는 처음 원서 리딩을 시작할 때 《Tuesdays with Morrie》와 더불어 《행복의 조건》이란 번역서를 함께 읽어보기로 했다. 《Tuesdays with Morrie》가 삶과 죽음에 대한 이야기라면, 《행복의 조건》은 하버드 의대에서 오랜 시간에 걸쳐 추적 조사한 내용으로 '어떻게 나이 들어갈 것인가'에 대해 좀 더 객관적으로 쓰인 논문의 축약본이라 할 수 있다. 《Tuesdays with Morrie》가 감상적이고 심적으로 울림이 있는 책이라면, 《행복의 조건》은 노후에 대한 미래를 학자의 관점에서 객관적이고 구체적으로 풀이해서 읽는 사람들로 하여금 자신의 노후를 그려보며 방향을 잡아갈 수 있게 해주는 책이었다. 이 두 권의 책을 함께 읽으며 우리는 좀 더 진지한 책터뷰를 준비할 수 있었고, 다음과 같은 질문으로 대화를 나누었다.

'당신이 생각하는 노년의 롤모델이 있나요? 그 롤모델을 바탕으로, 자신이 생각하는 당신의 노후는 어떤 모습입니까?'

이처럼 책터뷰의 질문은 누구나 재미있게 받아들이고 한 번쯤은 곰곰이 생각해봐야 할 주제들로 만들고, 그 질문들을 가지고 함께 의견을 공유해가면서 서로에 대해 좀 더 많이 이해하는 시간으로 채워갔으면 좋겠다.

마지막에 책터뷰를 통해 문답식으로 복습하면서 좀 더 깊이 있는 대화를 주고받다 보면 책에 대한 애정이 조금은 달라지는 것을 경험하게 된다. 읽을 때 너무 어려웠던 책도, 읽으면서 따분하고 재미없었던 책도, 책터뷰를 할 때 질문을 어떻게 만들고 서로 어떤 이야기를 주고받느냐에 따라 가장 인상 깊었던 책, 가장 재미있었던 책이 되기도 한다.

과거에 '책거리'라고 하는 서당의 풍습이 있었다. 책 한 권을 다 암송하여 공부를 마치고 나면 다른 책을 시작하는 기쁨과 이전의 책을 다 공부한 뿌듯함으로 먹거리를 준비해 서당에 모여 그동안 훈장님의 노고를 위로하고 새로운 책을 전달받으며 기념하는 것을 '책거리'라고 한다. 이 '책거리'는 당사자는 물론 당사자의 부모에게도 굉장히 경사스러운 일이었다.

우리가 원서 리딩을 하며 영어 공부를 하고, 매달 꾸준히 한 권의 원서를 마무리하는 것도 축하할 만한 일이다. 한 달 동안 시간과 노력을 들여 읽은 원서를 가지고, 책터뷰를 통해 복습하고 축하한다면 다 읽은 원서를 책장에 던져버리는 것이 아니라 머릿속에 그리고 가슴속에 깊이 저장할 수 있지 않을까.

아이에게 읽은 내용을
들려주며 복습한다

"옛날 옛적에 양을 보호해주는 양치기 오빠가 살았대. 아일린 양 알지? 아일린이 매일 들고 다니는 양양이 말이야. 영어로는 sheep라고 하잖아."

너무나도 유명한 〈양치기 소년과 늑대〉 에피소드를 아이의 눈높이에 맞게 각색해서 이야기해주니 아이는 진짜 이해를 한 건지 고개를 연신 끄덕이며 엄마의 다음 이야기를 내심 기대하는 눈치였다. 나는 아이가 잠자리에 들기 전에 늘 아이가 선택한 책을 읽어준 뒤 이처럼 《이솝우화》에서 에피소드 하나를 골라 나름대로 각색해 옛날이야기처럼 들려준다. 아이는 2~3개의 이야기를 듣고 나면 "Turn off the light, 엄마!" 하며 하품을 하고 눈을 스르륵 감고 잠이 든다.

《이솝우화》를 원서 리딩 책으로 선택한 이유 중 하나는 아이와 함께 공유할 수 있다는 점 때문이다. 어렸을 때 《이솝우화》에 나오는 에피소드 한두 편은 접해봤을 것이다. 다양한 동물이 등장하기에 대부분의 아이가 관심을 보인다. 《이솝우화》를 원서로 읽으면 다양한 동물과 그 동물들의 새끼에 대한 낯선 단어를 공부할 수 있다. 나는 아이가 동물 이름을 주로 영어 단어로 알고 있기 때문에 한국어로 이야기하는 중간중간 동물의 영어 단어를 섞어가며 아이의 이해를 돕는다.

영어를 모르는 아이라 할지라도 엄마가 이야기 중간에 영어 단어로 동물을 설명해주면 'Tiger'가 '호랑이'라는 것을, 'Lion'이 '사자'라는 것을 금세 알 수 있게 될 것이다. 아이가 좋아하는 동물을 영어로 뭐라고 하는지 꼭 기억해두자. 여러 번 이야기해주고 반복해서 말해준다면 엄마뿐 아니라 아이의 영어 공부를 위한 모티브에도 도움이 될 것이라 믿는다. 잠자리에 누워 재미난 옛날이야기를 해달라고 조르는 아이에게 낮 동안에 혹은 지난밤에 공부한 《이솝우화》 이야기를 들려주면 어느새 아이는 매일 밤마다 엄마의 이야기를 기다리게 될 것이다.

어린 시절을 떠올려보자. 나의 경우 할머니와 방을 함께 사용해 늘 할머니의 옛날이야기를 들을 수 있었다. 호랑이가 나오고, 불쌍한 오누이가 나오는 이야기를 해주시던 할머니의 모습, 본인만 아는 구성진 노래들을 자장가처럼 불러주곤 하셨던 할머니의 모습이 아직도 선명하게 떠오른다. 할머니의 목소리를 통하면 매일 밤 같은 이야기를 반복해서 들어도 재미있었다. 가끔은 내가 아는 체도 했다.

"할머니, 그래서 호랑이가 떡이 없는 엄마를 잡아먹었지?"

그러면 할머니는 사뭇 진지한 표정으로 "그래, 호랑이가 불쌍한 엄마를 잡아먹고는 엄마 옷을 입고 어린 오누이가 사는 집으로 갔어" 하며 다음 이야기를 계속해서 들려주셨다.

그 당시에는 그림책이나 영어 동화책은 상상도 하지 못했다. 어린 동생들을 돌봐야 하는 엄마 대신 할머니는 나에게 많은 이야기를 들려주셨다. 책을 읽으면서 상상의 나래를 펼쳐보는 것도 중요한 발달 과정 중 하나이지만, 누군가의 이야기를 듣고, 그 이야기에 빠져 다양한 상황을 상상해보며 머릿속에 기억하는 것도 책 못지않게 중요하다는 생각이 든다.

이렇게 엄마가 원서 속에 나오는 이야기를 아이에게 들려주게 되면 엄마 스스로는 그동안 읽은 원서의 내용을 복습하는 기회가 된다. 제대로 원서 내용을 이해하지 못하면 아이에게 스토리 자체를 들려줄 수 없을 테니 공부할 때 좀 더 집중하고자 하는 동기부여도 될 수 있다. 계속 이야기를 해달라고 조르는 아이를 위해 계획했던 양보다 조금이라도 더 보고자 하는 마음이 생기기도 한다.

엄마로서 내 아이의 지적 수준과 눈높이에 맞게 이야기를 각색해야 해서 어찌 보면 원서를 해석하는 것 이상으로 문장의 이해도를 높여주기 위한 단어의 선택 등 교육적인 면에서도 고민하게 된다. 이렇게 생각하다 보면 아이에게 내가 읽은 원서의 이야기를 재미난 옛날이야기처럼 들려주는 것은 엄청난 플러스 요인이 된다는 것을 알게 될 것이다.

아이에게 원서 이야기를 들려주었을 때 가장 큰 장점은 아이와 좀더 친밀한 관계가 형성된다는 것이다. 아이를 키우다 보면 원치 않게 순간적으로 불안감이 조성되거나 아이의 막무가내 행동이나 짜증에 엄마도 힘들고 지칠 때가 있다. 그런 상황이 계속되면 둘 사이에 묘한 긴장감이 흐르고 보이지 않는 감정의 벽이 생긴다. 나는 엄마가 된지 얼마 되지 않았을 때 무엇 하나 내 뜻대로 되는 것이 없어 한동안 너무 힘들었다. '내가 전생에 무슨 죄를 지었을까?' 하며 알지도 못하는 전생을 탓하고, "당신 닮아서 그래!"라며 애꿎은 남편을 탓했다. 지금 생각해보면 아이도 아이대로 힘들었을 텐데, 나는 아이의 감정을 이해하지 못한 철부지 엄마였다. 나는 화가 많은 성격이라 그때만 해도 아이에게 그리고 남편에게 온갖 짜증을 다 부렸다. 왜 그렇게 짜증이 나고 힘들었을까 고민해보니 아이를 보는 시간 동안 내가 할 수 있는 것이 아무것도 없다는 잘못된 생각 때문이었다.

　유학 생활을 시작하면서 공부량이 많아진 탓에 시간에 대한 강박 관념이 생겼다. 늘 시간에 쫓기며 살았던 내가 아이만을 넋 놓고 봐야 하는 그 상황이 무기력하게 다가왔고, 늘 이유 없이 불안한 마음을 끌어안고 살았다. 아이는 아이 자체로 사랑스럽고 엄마로서 오롯이 책임져야 하는 생명체이지만, 그 어디에도 나를 위한 시간은 없다고 느껴졌다. '아이가 자고 나면 커피 한 잔 마시며 신문을 봐야지!' 혹은 '아이가 자는 동안 이 책을 읽어 봐야겠다'라고 생각하고 계획했던 시간이 아이의 길어진 잠투정으로 물거품이 되고 나면 늘 화가 나고 짜증이 났다.

　좀 더 일찍 원서 리딩을 통해 자존감을 회복하고, 아이와 함께하는 이야기 복습 방법을 알았더라면 훨씬 더 좋은 엄마로 아이의 갓난아이 시절을 행복하게 바라봤을 텐데 하는 아쉬움이 남는다. 지금 아이는 그때보다 더 에너지가 넘치고 한시도 가만히 있지 않는다. 아빠, 엄마와 함께 노는 것을 좋아하고, 그러다가도 갑자기 짜증을 부리며 토라진다. 울고 생떼를 쓰면 고집이 세서 타일러도 소용이 없을 때가 많다. 육체적으로는 전보다 10배는 더 힘들지만 나는 예전보다 지금이 훨씬 더 행복하다. 아이와 함께 있을 때 부딪히게 되는 급작스러운 상황들과 긴장 상태들을 어떻게 다뤄야 할지 그리고 아이와 어떻게 풀어나가야 할지 대처 방법을 알게 되었기 때문이다.

"엄마가 오늘은 아일린에게 〈시골 쥐와 서울 쥐〉 이야기를 해주려고 했는데, 이렇게 계속 울고 짜증만 부리면 아마도 우리에겐 이야기 타임이 없을 거 같은데?"라고 말하면 아이는 누워 버둥거리며 발길질을 해대다가도 행동을 멈추고 곰곰이 생각한다. 그리고 "오케이, 엄마! 아임 쏘리, 엄마!" 하며 일어나 나에게 안긴다. 그럼 아이를 꼭 안아주고, 〈시골 쥐와 서울 쥐〉 이야기를 해주며 둘이 낄낄거린다.

솔직히 지금 내가 육아의 달인이 되었다거나 육아를 너무 좋아하게 되었다는 느낌은 조금도 없다. 그저 아이와 함께 있을 때도 나를 위한 시간을 조금이라도 낼 여유가 생겼다고 생각한다. 그렇다 보니 예전에 비해 화나 짜증이 나는 횟수와 시간이 현저하게 줄었다. 얼마 전에 남편은 농담 반 진담 반으로 "당신이 성인군자가 되어가는 것 같아"라고 말하며 웃었다.

시간이 없다고 불평에 불평만을 거듭할 게 아니라, 없는 시간을 쪼개고 또 쪼개 단 1분이라도 나를 위한 시간으로 써볼 고민을 해보는 것이 엄마와 아이, 두 사람을 위한 최선의 길임을 깨달았다. 아이와 함께할 때 예전의 나처럼 넋 놓고 아이만을 바라볼 것이 아니라 좀 더 즐겁게 그리고 나 자신을 위한 공부 시간으로, 아이의 정서적인 발달을 돕는 효과적인 시간으로 채워가길 바란다. 오늘부터 하루에 한 편의 《이솝우화》 에피소드를 영어 단어를 곁들여 아이에게 들려 줘보면 어떨까. 아이는 영어 단어를 배우며 엄마의 재미있는 이야기를 들어서 좋고, 엄마는 혼자 공부한 것들을 아이와 함께 복습할 수 있어서 좋다. 이것이야말로 일거양득의 효과가 아니겠는가.

나는 아이의 공부를 위해 학원이나 일대일 과외 선생님을 알아보기 전에 엄마가 먼저 공부하는 것이 좋다고 생각한다. 그래서 지금도 아이가 도서관에서 그림만 보고 골라오는 동화책을 아이가 잠든 사이에 미리 보거나 아이와 함께 보면서 공부한다. 중간중간 모르는 단어가 나오면 적어두었다가 찾아보고, 원어민의 발음도 들어가면서 열심히 공부한다. 돈을 들여 좋은 학교에 보내고 좋은 학원을 보내는 것은 누구나 할 수 있다. 하지만 엄마가 먼저 공부하고 그 내용을 아이와 함께 나눌 수 있는 것은 누구나 할 수 있는 일이 아니다. 이왕이면 누구나 할 수 없는 일을 하는 엄마가 되어보는 건 어떨까?

매일 지속하게 만드는
작은 성취감

매달 한 권의 원서를 리딩하는 것이 때로는 쉽게, 때로는 버겁게 느껴질 것이다. 굳은 마음과 의지를 가지고 시작했다 하더라도 바쁜 생활에 쫓기다 보면 종종 단단하게 마음먹은 것을 잊고 흔들리곤 한다. 그럴 때면 나는 원서 리딩을 시작하며 계획을 적어놓은 다이어리를 꺼내 살펴보며 마음을 다잡는다. 나는 매일매일 해야 할 일을 전날 밤에 정리하고 우선순위를 매겨가며 계획을 세우는 편이다. 사실 급한 회사 일과 육아와 관련된 일들을 우선순위 앞쪽에 위치시키다 보면 자연스럽게 원서 리딩은 마지막 단계까지 넘어가곤 한다. 그래도 '미리 정해놓은 페이지 수까지 읽고 잠자기'라는 계획은 원서를 끝까지 읽게 해준 원동력이 되었다. 오늘 읽지 않고 미룬 한 페이지가 당장은 별것 아닌 듯 보여도 매일 쌓이고 쌓이면 절대 목표를 이룰 수 없다. 그러다 보면 구매한 원서를 제대로 다 읽지도 못하고 영어 공부를 포기할 수 있고, 그로 인해 애써 다잡았던 자존감과 에너지가 무너져 더 깊은 우물 안으로 자신을 가두게 될지도 모른다.

원서 한 권을 한 달 동안 끝내기 위해 우리는 어떻게 계획을 세우고 실천해야 할까. 우선 한 달을 기준으로 매일매일 읽어야 할 페이지 수를 정하고, 매일 실제 자신이 하루에 읽은 페이지 수를 기록한다. 그리고 목표로 정했던 분량과 자신이 읽은 페이지 수를 비교해가며 자신의 리딩 패턴을 차근차근 분석해본다.

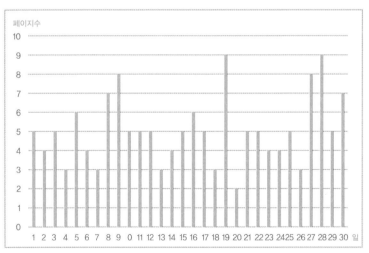

한 달 동안 읽은 원서의 페이지 수 그래프

어떤 날은 계획했던 페이지 수보다 못 미치게 읽을 수도 있고, 또 어떤 날은 술술 잘 읽혀 계획보다 더 많은 페이지 수를 읽을 수도 있다. 원서 리딩을 마친 후에는 이렇게 한 달 동안 꾸준히 기록한 데이터를 가지고 그래프로 시각화하여 자신의 리딩 패턴을 분석해보자. 별것 아닌 듯해도 이런 과정을 통해 우리는 다음 달 자신이 어떤 원서를 골라 어떻게 읽을 수 있을지에 대한 구체적인 계획을 세울 수 있다. 이렇듯 매달 자신의 리딩 패턴을 데이터로 모아 분석하면 자신의 공부 시간과 양을 잘 이해할 수 있기 때문에 더 효율적으로 영어 공부에 임할 수 있게 된다.

하지만 혹시라도 너무 어려운 원서를 골랐다면 일단은 할 수 있는 부분까지 최선을 다해 읽고 정리한 후, 미련 없이 다음 달, 다음 원서로 넘어가도 괜찮다. 앞서 언급했듯 처음 원서 리딩을 시작하고서 얼마 되지 않아 나는 욕심을 내 《오만과 편견》을 리딩 원서로 선택했다. 번역서로 읽고 잊어버린 지 몇 십 년 만에 집어 든 책이었고, 여동생도 그저 언니가 읽자고 하니 꾸역꾸역 읽었다.

매일매일이 참 힘들었다. 단어들이 막히고, 구어체에서도 해석이 잘 안 되어 내용 파악이 어려웠고, 문법적으로도 까다로운 문장이 여기저기에 포진해 있어 하루 리딩 목표량을 채우기 위해 드는 시간이 다른 원서들보다 2~3배 더 들었다. 여동생은 배경지식부터 쌓아야겠다며 잠시 원서를 덮어두고 관련된 영화부터 보았다. 그러고 나서 다시 원서를 펼쳤다.

《오만과 편견》을 읽는 한 달 동안 이메일에 담긴 여동생의 불평은 미안한 마음이 들게 했다. 여동생은 농담 반 진담 반으로 블로그 리뷰만 아니었다면 당장 때려치웠을 거라고 했고, 솔직히 나부터도 '너무 어려운데 지금이라도 포기하고 다른 원서를 읽어야 하는 것은 아닐까?' 여러 차례 고민했다. 우리의 블로그를 보며 함께 원서 리딩을 하고 있는 분들에게도 너무 무리한 도전은 아닌가 싶어 마음 한편이 무거웠다.

그럼에도 불구하고 마지막 책터뷰를 마쳤을 때, 여동생은 큰 산 하나를 넘은 것 같다며 진심으로 기뻐했고, 여동생의 리뷰에서 "매우 힘들었지만, 포기하지 않고 끝까지 읽기를 잘했다는 생각이 들었습니다"라는 문장을 발견할 수 있었다. 처음에는 힘들었지만 뒤로 갈수록 푹 빠져 재미있게 읽었다는 분도 계셨고, 중간에 덮었다는 분도 계셨다.

꼭 한 권을 다 읽을 수 있는 사람만이 영어 공부를 할 자격이 있는 것은 아니다. 좀 더 열심히 영어 공부를 해야겠다는 결심을 했다면, 그것만으로도 좋은 계기가 될 수 있다. 중간에 포기만 하지 않는다면 그것만으로도 큰 성과를 낸 한 달이고, 공부라고 느꼈으면 좋겠다.

전문가들은 모두 운동을 해야 한다고 말한다. 나이가 들수록 가장 필요한 것은 비싼 영양제가 아닌, 규칙적인 유산소 운동이다. 운동을 하러 가기가 정말 싫을 때도 일단 가서 걷고, 뛰고 나면 개운하고 기분이 좋아진다. 이런 경험을 한 번쯤을 해봤으리라 생각한다.

원서 리딩도 운동과 같다. 꼭 필요한 것이란 사실을 누구나 알고 있지만, 일단 시작하기가 어렵다. 운동복을 챙겨 집을 나서는 순간까지 수백 번 고민하고 망설이는 것처럼 원서를 고르고 리딩메이트를 만들고 책장을 펼치기까지 수도 없이 미루고 망설이게 된다. 운동의 경우 일단 집 밖을 나서면 반은 성공이라고 할 수 있다. 집 밖에서 걷든 달리든 아니면 운동하는 시설이 있는 곳으로 향하든 어쨌든 몸을 움직일 테니 말이다. 원서를 집어 들고 단어를 읽기 시작하는 순간도 바로 이와 같다. 한 페이지를 읽든, 한 줄을 읽든 읽으면서 자연스럽게 영어 단어를 인식하고, 생각하고, 해석을 하기 시작할 테니까. 운동을 하는 중간에는 땀도 나고 힘들지만, 다 마치고 나면 개운하고 성취감에 뿌듯한 기분이 들듯 원서 리딩도 매일같이 책장을 넘기는 과정이 지겹기도 하고 힘들기도 하지만 끝까지 다 읽고 나면 상당히 뿌듯하다. 매일매일 조금씩 운동을 하다 어느새 중독되는 것처럼, 매일매일 원서를 손에 들고 읽는 것이 중독처럼 습관화가 되면 저절로 영어에 대한 두려움이나 망설임을 내려놓고 즐기게 될 것이다.

성취감이 쌓이면 자기 자신에 대한 애정이 더 돈독해지고 행복해진다. 엄마가 되고, 아이라는 작은 생명체를 키워가며 나의 인생이 사라진 것 같아 우울함 속에서 헤매던 자신의 모습은 신기하게도 어느 순간 손에 든 원서 속으로 사라져버린다.

내 인생의 좌우명은 '포기하지 말자!'다. 20대 초반에 유학 생활을 시작하면서 늘 무언가에 도전해야만 했다. 그럴 때마다 항상 '포기하지만 말자!'라고 다짐했다. 포기하지 않는다면 꼴등으로라도 목표한 것을 이룰 수 있지만, 중간에 힘들다고 포기해버린다면 그때까지 노력한 모든 것이 헛수고가 되어버리고 물거품이 되어 날아가버린다는 것을 깨달았기 때문이다.

원서 리딩으로 영어 공부를 시작하고자 하는 분들에게 절대로 중간에 포기하지 말라고 강력하게 말하고 싶다. 처음부터 잘할 수는 없다. 처음 시작할 때는 한 달 동안 매일매일 시간을 들여 원서 리딩을 했음에도 많은 부분을 이해하지 못해 스스로에게 실망감이 들 수도 있다. 하지만 이를 좀 더 열심히 공부하기 위한 자극제로 삼아야 한다. 절대로 포기하지만 말자! 비록 처음에는 절반도 이해하지 못하고 끝냈다 하더라도 꾸준히 읽다보면 나중에는 한 달의 절반인 보름만 투자해도 완벽하게 이해하는 때가 분명 올 것이다. 하지만 처음 자신에게 크게 실망하고서 원서 리딩을 포기한다면, 어쩌면 다시는 자신의 인생에 원서를 마주할 기회가 영영 없을지도 모른다.

성공학 연구자인 나폴레온 힐(Napoleon Hill)은 자신의 대표 저서인 《Think and Grow Rich》에서 이렇게 언급했다

"중단자는 결코 승리를 얻지 못한다. 반면에 승리자는 결코 중단 하는 일이 없다."

하다가 그만두면 영광의 '승리자'가 아닌 부끄러운 '중단자'가 되고 만다는 것을 꼭 기억하자. 나는 나의 아이도 자라면서 자기가 하고 싶은 것, 자기가 무언가를 결심한 것을 중간에 포기하지 않고 꼴등으로라도 이루기를 희망한다. 아이를 키우고 있는 엄마라면 같은 마음일 거라 생각한다. 자신의 자식이 수많은 책 중에서 고작 한 권도 다 읽지 못하고 '어려워서 더는 책 따위 읽지 않겠다!'고 포기한 후 영영 책을 멀리한다고 생각해보라. 두 팔 벌려 환영할 부모는 세상 어디에도 없을 것이다. 세계적으로 최고의 권위를 자랑하는 변화 심리학자 토니 로빈스(Tony Robbins)는 《네 안에 잠든 거인을 깨워라》에서 '성공하려면 장기적인 목표 의식(long-term focus)을 가져야 한다'라고 말했다. 외국어 공부는 한두 달 동안 눈에 보이는 효과를 얻는 것이 사실상 불가능하다. 그 불가능한 일을 가능하게 바꿀 수 있는 것은 꾸준한 시간 투자와 노력뿐이다. 지금까지 이 책을 통해 소개한 여러 방법과 과정들을 포기하지 않고 반복하여 자신의 것으로 만들 수만 있다면, 한 달 한 달 읽은 원서의 페이지들이 쌓이고 책의 권수가 차곡차곡 늘어나게 될 것이다. 결과적으로 이 모든 시간과 노력은

자기 자신에게는 영어 능력 향상이라는 성취감을 부여할 것이며, 엄마로서는 힘들고 고단하지만 보람된 육아 시간들을 견뎌낼 수 있는 커다란 동기부여가 될 것이라 굳게 믿는다.

'천 리 길도 한 걸음부터'라는 속담처럼 우선은 《이솝우화》한 권만 포기하지 않고 한 달 동안 꾸준히 읽어보면 어떨까? 《이솝우화》의 총 페이지 수를 30으로 나누고, 매일같이 정해진 페이지 수만큼 읽어보자. 매일 밤 아이를 재울 때 복습의 시간으로 《이솝우화》의 에피소드들을 들려주며 아이와 함께 시간을 보내보자. 리딩메이트와 정리한 노트를 공유하고, 책터뷰를 통해 다양한 관점을 이해하고 일상생활에 적용시켜보자. 이렇게 한 달을 보낸다면 분명 성취감을 느낄 수 있을 것이다. 하나의 과제를 말끔히 끝낸 듯한 뿌듯함과 다시 할 수 있다는 자신감은 스스로에게는 물론이고, 가정에 긍정적인 영향을 미칠 것이라 확신한다.

아이에게 재미있는 장난감을 사주고, 맛있는 밥을 지어주고, 함께 재미있게 놀아주는 엄마도 분명 좋은 엄마이지만 나는 매일 행복한 기운을 전달해주는 엄마가 정말 좋은 엄마라고 생각한다. 원서 리딩을 통해 그동안 아이에게 집중하느라 잊고 있었던 자신을 되돌아보는 시간을 가져보길 진심으로 바란다.

작은 계기에서 시작된
삶의 변화

'자매님, 우리 합쳐볼래요?'

　나는 생각이 많고 소극적이며 변화를 두려워하는 성격이고, 언니는 진취적인 성격이라 일을 벌이고 새로운 계획을 세우는 것을 좋아한다. 무언가를 함께하자고 제안하는 쪽은 늘 언니이고, 나는 그런 언니를 '주동자' 혹은 '장군'이라고 부른다.

　언니가 보낸 이메일에 저 물음이 적혀 있었다. '합치자는 게 무슨 뜻이지? 나는 한국에, 언니는 미국에 사는데 우리가 무엇을 어떻게 합칠 수 있지?' 생각하고 있는데, 다음 문장에 답이 담겨 있었다. 무기력한 나날을 보내고 있던 나에게 언니는 자신의 블로그에 같이 리뷰를 올려보지 않겠냐는 제안을 했다.

함께 원서 리딩을 해보자는 계획을 세운 직후에 나온 이야기였다. 마침 나도 눈에 넣어도 안 아픈 조카가 한국어보다 영어를 더 편하게 구사하는 것을 보면서 나중에 깊이 있는 대화를 나누기 위해서라도 다시 영어 공부를 해야겠다는 생각을 하고 있던 참이라 언니의 제안이 솔깃했다. 그때만 해도 합치자는 말 한마디가 이런 나비 효과를 불러올지 전혀 생각하지 못했다.

우리는 제법 쿵짝이 잘 맞는 성격이기도 하고, 그 당시 나는 딱히 하고 있는 일이 없었기에 큰 고민 없이 언니의 제안을 받아들였다. 그 뒤로 지금까지 함께 원서 리딩을 하고, 언니의 블로그에 더부살이 하며 꾸준히 리뷰를 쓰고 있으며, 덕분에 이렇게 책까지 출간하게 되었다. 원서 리딩을 하기 시작했을 때부터 지금까지의 변화를 살펴보니, 용기 내기를 정말 잘했다는 생각이 든다.

나는 글 쓰는 것을 좋아해서 작가라는 직업을 선택했고, 대학교를 졸업한 후부터 지금까지 프리랜서 작가로 일하고 있다. 하지만 내가 선택한 작가라는 직업은 글쓰기를 좋아하는 것만으로는 할 수 없는 일이었다. 작가다운 일보다는 온갖 잡무를 처리해야 하는 '잡가'의 삶을 살다 보니 스트레스를 많이 받았고, 밤을 새우는 일이 잦아 체력적으로도 너무 힘들었다.

2016년 1월, 간신히 버티던 내 건강에 적신호가 켜졌다. 도저히 일상생활을 할 수 없을 정도로 건강이 나빠져 의사 선생님의 제안대로 모든 일을 접고 집에서 요양을 해야 했다. 사실 처음에는 아무 일도 하지 않고 마음껏 쉴 수 있다는 사실이, 그 누구의 눈치를 보지 않아도 된다는 사실이 너무 행복했다. 합법적으로 무기한 휴가를 받은 기분이었다. 하지만 몸이 아파 쉬는 것은 결코 유쾌한 일이 아니었다. 게다가 매일 한 움큼씩 먹는 약이 부작용을 일으켰고, 그로 인해 요양 기간이 기약 없이 늘어나면서 마음도 함께 병들기 시작했다. 거울을 볼 때마다 점점 변해가는 내 모습에 좌절했고, 약에 따른 부작용과 병에 대한 나쁜 기사를 찾아보며 나만의 동굴 속으로 끝없이 파고들어갔다.

시간이 답이라고 했던가. 요양한 지 2년 정도 시간이 흐르자 건강이 조금씩 회복되었다. 증세가 호전되어 약을 줄이기 시작하자 부작용도 조금씩 사라졌다. 곧 예전처럼 평범한 일상으로 돌아갈 수 있을 듯했다. 하지만 인생은 그렇게 호락호락하지 않았다. 내가 프리랜서 작가라는 사실이 거대한 장벽이 되었다.

프리랜서는 참 자유롭다. 출퇴근 시간이 정해져 있지 않고, 출근 장소도 명확하지 않다. 업무가 끝나면 누구의 허락 없이도 훌쩍 여행을 떠날 수도 있다. 놀고 싶은 만큼 놀아도 되고, 일하기 싫으면 하지 않아도 된다. 하지만 어디에도 소속되어 있지 않기 때문에 누가 일거리를 주지 않으면 일을 하고 싶어도 할 수 없다. 요양하는 동안 계속해서 일을 거절했던지라 더 이상 같이 일해보자는 제안이 들어오지 않았고, 그로 인해 나는 어쩔 수 없이 비자발적 백수가 되어야 했다. 몸이 회복되었음에도 일을 하지 못하는 상황이 나를 불안하게 만들었고, 앞날을 걱정하며 이러지도, 저러지도 못하고 있었다. 그때 언니의 제안으로 함께 원서 리딩을 하고 블로그에 리뷰를 쓰게 되었다.

언니가 내게 함께 원서 리딩을 하자고 제안했을 무렵, 어쩌면 우리 두 사람은 끝이 보이지 않는 어두운 길을 걷고 있었는지도 모른다. 언니는 오랫동안 기다려왔던 아이를 낳았지만 퇴근이 없는 육아의 늪에서 허덕이고 있었고, 몸이 아파 요양하며 지내던 나는 건강을 되찾았지만 다시 일을 하지 못하는 쓸모없는 인간이 된 것 같은 자괴감에 빠져 있었다. 이메일을 통해 응원의 메시지를 주고받았지만 사실 그렇게 큰 힘이 되지는 않았다. 그러던 중 우리 두 사람은 멀리 떨어져 있지만 무언가를 함께해보자는 생각을 하게 되었다. 지금 생각해보면 함께 책도 읽고 글도 쓰면서 서로 연결되어 있다는 느낌을 받고 싶었던 것도 같다.

우리는 한 달에 한 권 원서 리딩을 하고, 일주일에 한 번 블로그에 리뷰를 올리기로 했다. 원서 리딩을 하는 목표가 단지 영어 공부에만 국한된 것이 아니었기에 빨리, 많이 읽기보다 천천히 음미하며 읽

고 우리의 시각을 글에 녹여내려 애썼다. 우리가 함께 읽은 첫 책은
《Tuesdays with Morrie》였다. 우리나라에서 번역되어 나온《모리와
함께한 화요일》을 읽은 적이 있기에 어느 정도 큰 줄기를 알고 있어
큰 부담이 없었다. 오랜만에 원서 리딩을 하는 거라 살짝 긴장했지
만, 일주일 정도 지나자 부담감은 사라지고 어느새 책에 더욱 집중하
게 되었다.

　원서 리딩을 하기 전까지만 해도 나의 하루는 온통 걱정으로 가득
했다. '또 아프면 어쩌지?'라는 생각에 일을 다시 시작하는 것이 두
려웠고, 부모님께 짐만 되는 것 같아 마음이 무거웠다. 이렇게 찾아
온 우울증이 나를 잡아먹을 것만 같았다.
　하지만 원서 리딩을 하며 조금씩 달라지기 시작했다. 매일 해야 할
일이 생겼기 때문이다. 언니와의 약속을 지키기 위해, 블로그 구독
자들과의 약속을 지키기 위해, 무엇보다 나 자신과의 약속을 지키기
위해 미리 정해놓은 페이지 수만큼 꼭 읽어야 했고, 메모장에 초고를
적어보기도 했다. 읽은 권수가 쌓일수록, 블로그 글이 차곡차곡 늘어
날수록 나도 무언가를 하는 사람이라는 생각이 들었고, 그 생각은
큰 위로가 되었다. 요양하는 동안 거의 집에서만 생활했던 나는 일부
러 카페에 나가 원서 리딩을 하고 공부도 하며 세상을 향해 견고하게
쌓았던 벽을 조금씩 허물기 시작했다. 원서 리딩이 소심한 나에게 다

시 세상과 부딪혀볼 힘을 낼 수 있게 해주었다.

그 무렵, 나는 언니에게 이메일로 원서 리딩을 하고 블로그에 리뷰를 올리는 것이 힘들 때도 있지만, 무언가 할 일이 있다는 것이 기분이 좋다며 고맙다는 말을 자주 했다. 빈말이 아니라 실제로 그랬다. 삶에 활력이 생기자 누군가가 일자리를 제안할 때까지 기다리지 말고 내가 직접 알아보자는 생각이 들었다. 그래서 큰맘 먹고 지인들에게 연락을 했다. 사실 민폐를 끼치는 건 아닐까 염려했지만 대부분의 지인은 그동안 연락도 없고 일도 하지 않는다고 해 걱정했다는 반응을 보였다. 이런 노력 덕분인지 같이 일해보자는 제안이 다시 들어오기 시작했고, 지금은 몸에 무리가 가지 않는 선에서 작은 프로젝트를 맡아 일을 하고 있다. 이렇게 조금씩 예전의 나로, 아니 예전보다 더 밝고 긍정적인 나로 변화하고 있다.

원서 리딩은 이외에도 내게 많은 것을 가져다주었다. 그중 하나가 바로 자존감 회복이다. 어릴 때 가장 좋아했던 과목도 영어였고, 번역가라는 직업도 동경했기에 원서 리딩을 하며 내가 좋아하는 일을 하고 있다는 생각에 신이 났다. 그리고 책이 주는 위로에 진심으로 귀 기울이게 되었다.

요양을 할 때도 꽤 많은 책을 읽었는데, 그때는 아무리 책을 읽어도 눈에 들어오지 않았고, 책이 전달하려는 메시지가 마음에 와닿지 않았다. 하지만 지금은 마음가짐이 조금 달라져서일까? 아니면 내게도 여유가 생겨서일까? 원서가 전하고자 하는 메시지가 내 마음을 파고들기 시작했다.

블로그에 리뷰를 올리기 위해서는 생각했던 것보다 많은 시간과 품이 들었다. 원서를 다시 펼쳐 살펴봐야 하고, 표시해둔 좋은 문장을 정리해야 하고, 그 글을 바탕으로 내 생각까지 정리해야 하니 말이다. 그렇게 한 권의 원서를 여러 번 읽으니 그 안에 담긴 따뜻함이 제대로 와닿았다. 나에게 괜찮다고, 부족한 나도 나고, 넘치는 나도 나라고, 꼭 어떤 모습이 되어야 하는 게 아니라 그냥 나로서 소중하고 가치가 있다고 말해주는 것 같았다. 읽은 원서가 한 권, 두 권 쌓일 때마다 나의 자존감도 그만큼의 높이로 차올랐다.

만약 내가 언니의 제안을 거절했더라면 어땠을까? 아마 나는 계속해서 우울한 삶을 살아왔을 것이 분명하다. 원서 리딩을 하기로 결심한 덕분에 시간을 헛되이 보내지 않을 수 있었다. 물론 지금도 영어 실력이 완벽하진 않지만 이젠 어떤 원서가 눈앞에 있어도 '그래, 한번 읽어보자'라는 긍정적인 생각을 하게 되었다. 그리고 이제는 다른 사람과 비교하며 주눅 들기보다는 나 스스로를 있는 그대로 인정하고 받아들이게 되었다. 원서 리딩이 이런 마법을 가져다줄 것이라고는 경험해보기 전까지 미처 알지 못했다.

누군가가 내게 "그래서 당신은 영어를 잘합니까?"라고 묻는다면, 나는 자신 있게 그렇다고는 말하지 못할 것 같다. 원어민에 가깝게 말하고, 듣고, 쓸 줄 알아야 영어를 잘하는 것이라고 생각하는데, 나는 그 기준에 한참 미치지 못하기 때문이다. 하지만 "당신은 원서 읽기를 좋아합니까?"라고 묻는다면, 나는 자신 있게 그렇다고 대답할 수 있다. 그렇지 않고서야 매일 적게는 5페이지, 많게는 20페이지의 원서를 읽을 수는 없을 테니까.

원서 리딩을 하며 영어를 얼마만큼 잘하게 되었는지 측정할 수는 없지만 다시 언어적인 감각을 찾아가고 있다는 느낌은 확실히 받을 수 있었다. 원서 리딩을 하면서 오래전에 배웠던 영문법이 자연스럽게 생각나기도 하고, 왜 외워야 하는지도 모른 채 무조건 외웠던 동의어들이 쉽게 연상되기도 하는 걸 보면 말이다. 무엇보다 원서 리딩이 스트레스가 되지 않는다는 것! 이것이 내가 원서 리딩을 제대로 즐기고 있다는 증표가 아닐까?

내가 이렇게 원서 리딩을 꾸준히 할 수 있었던 것은 리딩메이트인 언니 덕분이다. 언니가 아니었다면 계획만 세워놓고 얼마 못 가 포기했을 것이다. 서로가 지칠 때마다 응원해주고, 중간중간 진도를 체크해주면서 더욱 열심히 할 수 있는 자극제가 되어주었다. 특히 원서 리딩을 마친 뒤 상대방에게 궁금했던 점과 자신이 느낀 점을 이야기

나누는 책터뷰를 통해 우리가 얼마나 비슷하면서도 다른 생각을 하고 있었는지를 알 수 있었다.

앞으로도 나는 언니와 함께 원서 리딩을 하고 싶다. 언니와 함께라면 원서 리딩뿐 아니라 그 어떤 일도 잘 해낼 수 있을 것 같다. '혼자 가는 길은 빨리 갈 수 있지만, 함께 가는 길은 멀리 갈 수 있다'라는 말처럼, 가장 좋은 친구이자 동반자가 되어 서로가 가는 길의 등불이 되어줄 수 있으면 좋겠다.

아직도 '원서 리딩이 뭐 대수라고! 그게 인생을 달라지게 해?'라는 의문을 가지고 있다면 원서 한 권을 선택해 꾸준히 읽어보기 바란다. 원서 리딩이 가져다주는 마법은 직접 경험해보지 않으면 절대 알 수 없다. 원서 리딩이 내 인생의 방향을 바꿔놓은 것처럼 흔들리고 있는 누군가의 삶에도 방향키가 되어줄 수 있길 진심으로 바란다.

부록:

이솝우화
30Days
Reading

《이솝우화》 리딩을 시작하기 전에

원서 리딩을 시작하면서 여동생과 함께 '한 달에 한 권 영어책 읽기'로 목표를 잡았습니다. 이 책을 쓰면서 바쁜 엄마도 부담 없이 도전할 수 있고 쉽게 시작할 수 있는 책을 고민했고, 그것이 바로 《이솝우화》였습니다. 앞에서도 언급했듯이, 영어 공부를 위해서는 직역으로 해석해야만 명확한 단어의 뜻과 더불어 자신이 알고 있는 부분과 모르는 부분을 정확히 이해할 수 있습니다. 각 에피소드의 해석은 저희와 함께 공부하는 분들을 위해 최대한 직역을 위주로 진행했습니다.

《이솝우화》가 짧은 이야기의 모음집인 만큼 하루에 9~10개의 에피소드를 읽는다면 한 달에 한 권을 충분히 읽을 수 있습니다. 뒤에 수록된 이솝우화 30Days는 여동생과 제가 한 달 동안 함께 읽고 공부한 기록입니다. 이번 부록에서는 매일 읽은 9~10개의 에피소드 중 하루 한 편씩을 골라 해석해보고 핵심 문장, 중요 단어를 정리해보았습니다. 한 달 안에 한 권을 다 읽지 못하더라도 날마다 시간을 내어 저희가 선택한 에피소드 한 편이라도 함께 읽고 생각할 수 있는 시간을 갖는다면, 어느덧 습관처럼 저절로 영어 공부를 하는 자신을 발견할 수 있을 것입니다. 그럼 지금 바로 시작해볼까요?

＊《이솝우화》 다운로드
http://www.gutenberg.org/ebooks/21

이솝우화 30Days 진도 체크

The Fox And The Grapes

A hungry Fox saw some fine bunches of Grapes hanging from a vine that was trained along a high trellis, and did his best to reach them by jumping as high as he could into the air. But it was all in vain, for they were just out of reach: so he gave up trying, and walked away with an air of dignity and unconcern, remarking, "I thought those Grapes were ripe, but I see now they are quite sour."

해석

여우와 포도

배고픈 여우가 격자 구조물을 따라 매달려 있는 잘 익은 포도송이들을 보고 포도에 닿기 위해 그가 할 수 있는 최선을 다해 공중으로 뛰어올랐다. 그러나 그의 노력은 모두 헛되었고, 포도송이들에 닿기엔 역부족이었다. 그래서 여우는 시도를 포기하고, 품위 있고 무관심하게 걸어가며 말했다. "나는 저 포도들이 잘 익었다고 생각했지만, 지금 그것들은 분명 꽤 실 거야."

★ **a bunch of**

a number of things, typically of the same kind, growing or

fastened together.

(포도 등을 세는 단위) 송이 (포도 한 송이 a bunch of grapes)

★ **vine** (n)

a climbing or trailing woody-stemmed plant of the grape family.

포도나무, 덩굴 식물

★ **trellis** (n)

a framework of light wooden or metal bars, chiefly used as a

support for fruit trees or climbing plants.

(덩굴나무가 타고 올라가도록 만든) 격자 구조물

★ **ripe** (a)

(of fruit or grain) developed to the point of readiness for

harvesting and eating.

익은

"I thought those Grapes were ripe, but I see now they are quite sour."

"나는 저 포도들이 잘 익었다고 생각했지만, 지금 그것들은 분명 꽤 실 거야."

Day 2

The Lion And The Mouse

A Lion asleep in his lair was waked up by a Mouse running over his face. Losing his temper he seized it with his paw and was about to kill it. The Mouse, terrified, piteously entreated him to spare its life. "Please let me go," it cried, "and one day I will repay you for your kindness." The idea of so insignificant a creature ever being able to do anything for him amused the Lion so much that he laughed aloud, and good-humouredly let it go. But the Mouse's chance came, after all. One day the Lion got entangled in a net which had been spread for game by some hunters, and the Mouse heard and recognised his roars of anger and ran to the spot. Without more ado it set to work to gnaw the ropes with its teeth, and succeeded before long in setting the Lion free. "There!" said the Mouse, "you laughed at me when I promised I would repay you: but now you see, even a Mouse can help a Lion."

사자와 쥐

자신의 굴속에서 잠을 자고 있던 한 마리의 사자가 그의 얼굴 주변을 뛰어다니던 한 마리의 쥐 때문에 깼다. 화가 난 사자는 쥐를 앞발로 잡아 거의 죽이려고 했다. 겁에 질린 쥐는 애처롭게 그에게 목숨을 간청했다. "제발 저를 보내주세요." 쥐는 울면서 말했다. "그러면 언젠가 당신의 친절에 보답할 날이 있을 거예요." 이 하찮은 생명체가 그를 위해 어떤 것이든 하겠다고 하자 사자는 즐거워 크게 웃으며 농담처럼 생각하고 쥐를 놓아주었다. 하지만 마침내 쥐에게 기회가 찾아왔다. 어느 날 사자는 사냥꾼들이 쳐놓은 덫에 걸렸고, 쥐는 사자가 포효하는 소리를 듣고 그곳으로 달려갔다. 아무런 고심 없이, 쥐는 밧줄을 이로 갉아먹었고 오래지 않아 사자를 덫에서부터 풀어주었다. "저기요!" 쥐가 말했다. "내가 당신에게 보상하겠다고 약속했을 때 당신은 나를 비웃었죠. 하지만 지금 보다시피 한 마리 쥐도 사자를 도울 수 있다는 것을 아셨으리라 생각합니다."

★ **lair** (n)

a wild animal's resting place, especially one that is well hidden.

(야생 동물의) 집, 굴

★ **piteously** (ad)

in a piteous manner.

애처롭게, 가엾게

★ **entreat** (v)

ask someone earnestly or anxiously to do something.

간청하다

★ **insignificant** (a)

too small or unimportant to be worth consideration.

사소한, 하찮은

★ **entangle** (v) ~ sb/sth (in/with sth)

cause to become twisted together with or caught in.

얽어매다, (걸어서) 꼼짝 못하게 하다

★ **roar** (v)

(of a lion or other large wild animal) utter a full, deep, prolonged

cry.

으르렁거리다, 포효하다

★ **gnaw** (v)

bite at or nibble something persistently.

쏠다, 갉아먹다

"you laughed at me when I promised I would repay you: but now you see, even a Mouse can help a Lion."

"내가 당신에게 보상하겠다고 약속했을 때 당신은 나를 비웃었지요. 하지만 지금 보다시피 한 마리 쥐도 사자를 도울 수 있다는 것을 아셨으리라 생각합니다."

The Fox And The Stork

A Fox invited a Stork to dinner, at which the only fare provided was a large flat dish of soup. The Fox lapped it up with great relish, but the Stork with her long bill tried in vain to partake of the savoury broth. Her evident distress caused the sly Fox much amusement. But not long after the Stork invited him in turn, and set before him a pitcher with a long and narrow neck, into which she could get her bill with ease. Thus, while she enjoyed her dinner, the Fox sat by hungry and helpless, for it was impossible for him to reach the tempting contents of the vessel.

해석

여우와 황새

여우가 황새를 저녁에 초대했는데, 그때 제공된 유일한 음식물은 납작한 그릇에

담긴 수프였다. 여우는 맛있게 핥아먹었지만, 긴 부리를 가진 황새는 맛있는 수프를 먹기 위해 노력해보아도 헛수고였다. 여우는 황새가 고통스러워하는 모습을 보며 기뻐했다. 하지만 머지않아 황새가 여우를 초대하였고, 길고 좁은 목을 가진 호리병을 그의 앞에 내놓았다. 그 안으로 황새는 자신의 부리를 쉽게 넣을 수 있었다. 따라서 황새가 자신의 저녁을 맛있게 즐기는 동안, 맛있어 보이는 병에 담긴 내용물들에 닿을 수 없는 여우는 배고프게 어쩔 수 없이 앉아 있었다.

단어 및 숙어

* **stork** (n)

  a tall long-legged wading bird with a long heavy bill and typically with white and black plumage

  황새

* **fare** (n)

  a range of food of a particular type

  요금/운임이란 뜻으로 많이 쓰이는데, 여기서는 음식물로 쓰임

* **lap** (v)

  (of an animal) take up (liquid) with the tongue in order to drink

  '핥다'라는 뜻(무릎이나 겹치는 부분으로 많이 알려져 있음)

★ **relish** (n)

great enjoyment

맛있게 먹는 모습, 즐거움, 기쁨

★ **partake** (v)

eat or drink

먹다

★ **savoury** (a)

delicious

맛있는, 짭짤한

★ **broth** (n)

soup consisting of meat or vegetable chunks, and often rice,

cooked in stock

수프, 죽

핵심 문장

A Fox invited a Stork to dinner, at which the only fare

provided was a large flat dish of soup.

여우가 황새를 저녁에 초대했는데, 그때 제공된 유일한 음식물은 납작한 그릇에 담긴 수프였다.

But not long after the Stork invited him in turn, and set before him a pitcher with a long and narrow neck, into which she could get her bill with ease.

하지만 머지않아 황새가 여우를 초대하였고, 길고 좁은 목을 가진 호리병을 그의 앞에 내놓았다.

※ 인과응보에 해당하는 속담: An eye for an eye. (or) An eye for an eye, and a tooth for a tooth.

The Bear And The Travellers

Two Travellers were on the road together, when a Bear suddenly appeared on the scene. Before he observed them, one made for a tree at the side of the road, and climbed up into the branches and hid there. The other was not so nimble as his companion; and, as he could not escape, he threw himself on the ground and pretended to be dead. The Bear came up and sniffed all round him, but he kept perfectly still and held his breath: for they say that a bear will not touch a dead body. The Bear took him for a corpse, and went away. When the coast was clear, the Traveller in the tree came down, and asked the other what it was the Bear had whispered to him when he put his mouth to his ear. The other replied, "He told me never again to travel with a friend who deserts you at the first sign of danger."

Misfortune tests the sincerity of friendship.

곰과 여행자들

두 명의 여행객이 함께 길을 가고 있는데, 그때 갑자기 곰이 나타났다. 그가 그들을 보기 전에, 한 사람이 길 한쪽에 있던 나무를 보았고 기어 올라가 나뭇가지 사이로 숨었다. 다른 한 사람은 그의 친구만큼 재빠르지 못했다. 그래서 그는 피할 수 없었기 때문에, 땅바닥에 그대로 엎드려 죽은 척을 했다. 곰이 다가와 그 사람 주변을 서성이며 킁킁거렸지만, 그는 완벽하게 움직이지 않았고 숨도 완벽하게 참았다. 사람들은 곰이 시체를 건드리지 않는다고 말했다. 곰은 그를 시체로 취급하고, 멀리 달아났다. 곰이 그곳에서 완전히 사라졌을 때, 나무에 있던 여행자가 내려와 곰이 그의 귀에 대고 속삭이며 뭐라고 말했는지를 친구에게 물었다. 그 친구가 답하기를, "위험에 처한 처음 순간에 너를 버린 친구와 다시는 함께 여행을 하지 말라고 했네."

불행은 진실한 우정을 시험하게 한다.

단어 및 숙어

☆ **nimble** (a)

quick and light in movement or action; agile.

재빠른, 재치가 넘치는, 날렵한, 민첩한

★ **sniff** (v)

draw in air audibly through the nose to detect a smell, to stop it

from running, or to express contempt.

코를 킁킁거리다

★ **coast** (n)

edge of the land

연안, 해안가

★ **desert** (v)

abandon (a person, cause, or organization) in a way considered

disloyal or treacherous.

버리다, 저버리다

핵심 문장

"He told me never again to travel with a friend who deserts

you at the first sign of danger."

"위험에 처한 처음 순간에 너를 버린 친구와 다시는 함께 여행을 하지 말라고 했네."

The Ass And His Burdens

A Pedlar who owned an Ass one day bought a quantity of salt, and loaded up his beast with as much as he could bear. On the way home the Ass stumbled as he was crossing a stream and fell into the water. The salt got thoroughly wetted and much of it melted and drained away, so that, when he got on his legs again, the Ass found his load had become much less heavy. His master, however, drove him back to town and bought more salt, which he added to what remained in the panniers, and started out again. No sooner had they reached a stream than the Ass lay down in it, and rose, as before, with a much lighter load. But his master detected the trick, and turning back once more, bought a large number of sponges, and piled them on the back of the Ass. When they came to the stream the Ass again lay down: but this time, as the sponges soaked up large quantities of water, he found, when he got up on his legs, that he had a bigger burden to carry than ever.

You may play a good card once too often.

당나귀와 그의 짐

어느 날 당나귀를 가진 행상인이 소금 한 무더기를 샀고, 당나귀가 버틸 수 있을 때까지 그의 등에 가득 실었다. 집으로 가는 길에, 당나귀는 물을 건너다 발을 헛디뎌 물속으로 빠져버렸다. 소금은 통째로 젖었고 많은 부분이 물에 녹아버렸다. 그래서 당나귀가 다시 일어섰을 때, 당나귀는 자신의 짐이 훨씬 덜 무겁다는 것을 알게 됐다. 하지만 주인이 마을로 다시 돌아가 더 많은 소금을 사서 짐 바구니에 더했고, 다시 가기 시작했다. 곧 그들이 다시 강에 도착하자마자 당나귀는 전처럼 물속으로 들어가 드러누웠다가 일어났고 짐의 무게는 더 가벼워졌다. 그러나 그의 주인은 그 속임수를 간파했고, 다시 한 번 마을로 돌아가 많은 양의 스펀지를 사서 당나귀 등에 실었다. 그들이 강에 도착했을 때, 당나귀는 다시 드러누웠다. 하지만 이번에는 스펀지가 많은 양의 물을 흡수함에 따라, 그가 일어섰을 때 이전보다 훨씬 더 큰 짐을 옮겨야만 한다는 것을 깨달았다.

좋은 카드를 자주 사용하는 것은 문제가 될 수 있다.

* **pedlar** (n)

  a person who goes from place to place selling small goods.

  행상인, 봇짐장수

* **stumble** (v)

  trip or momentarily lose one's balance; almost fall.

  발이 걸리다, 발을 헛디디다

* **drain away** (v)

  cause the water or other liquid in (something) to run out, leaving

  it empty, dry, or drier.

  (물에) 빠지다

* **pannier** (n)

  a basket, especially one of a pair carried by a beast of burden.

  짐 바구니

* **do something once too often**

  to cause trouble for yourself by repeating dangerous, stupid, or

  annoying behavior.

  반복하는 위험하거나, 우스꽝스럽거나, 혹은 귀찮은 행동들은 당신 스스로에게

  문제가 될 수 있다.

When they came to the stream the Ass again lay down: but this time, as the sponges soaked up large quantities of water, he found, when he got up on his legs, that he had a bigger burden to carry than ever.

그들이 강에 도착했을 때, 당나귀는 다시 드러누웠다. 하지만 이번에는 스펀지가 많은 양의 물을 흡수함에 따라, 그가 일어섰을 때 이전보다 훨씬 더 큰 짐을 옮겨야만 한다는 것을 깨달았다.

Day 6

Father And Sons

A certain man had several Sons who were always quarrelling with one another, and, try as he might, he could not get them to live together in harmony. So he determined to convince them of their folly by the following means. Bidding them fetch a bundle of sticks, he invited each in turn to break it across his knee. All tried and all failed: and then he undid the bundle, and handed them the sticks one by one, when they had no difficulty at all in breaking them. "There, my boys," said he, "united you will be more than a match for your enemies: but if you quarrel and separate, your weakness will put you at the mercy of those who attack you."

Union is strength.

아버지와 아들들

한 남자에게 늘 서로서로 싸우기만 하는 여러 명의 아들이 있었고, 그가 아무리 애를 써도, 그는 아들들을 조화롭게 함께 살 수 있도록 할 수가 없었다. 그래서 그는 다음과 같은 방법으로 그들의 어리석음을 확실히 알려주기로 결심했다. 그들에게 나뭇가지를 한 무더기씩 가져오라고 시켰고, 아들들에게 돌아가며 그것들을 무릎에 대고 부러뜨려보라고 권했다. 모든 아들이 노력했으나 모두 실패했다: 그러고 나서 그는 그 묶음을 풀어서, 아들들에게 나뭇가지를 하나씩 나눠주었다. 그러자 그들은 어려움 없이 나뭇가지를 부러뜨릴 수 있었다. "자, 아들들아." 아버지가 말했다. "너희들이 이렇게 뭉치면 화포보다 더할 것이지만, 하지만 만약 너희들이 싸우고 서로 갈라서면, 너희들의 약점이 너희들을 공격하는 사람들에게 고마운 일이 될 것이다."

뭉치면 강하다.

* **convince** (v)

  cause (someone) to believe firmly in the truth of something.

납득시키다, 확신시키다

folly (n)

lack of good sense; foolishness.

판단력 부족, 어리석음, 어리석은 행동

bid (v)

command or order (someone) to do something.

값을 부르다, 애쓰다, 말하다

fetch (v)

go for and then bring back (someone or something) for someone.

가지고 오다, 팔리다

mercy (n)

compassion or forgiveness shown toward someone whom it is within one's power to punish or harm.

자비, 고마운 일

핵심 문장

"There, my boys," said he, "united you will be more than a match for your enemies: but if you quarrel and separate, your weakness will put you at the mercy of those who attack you."

"자, 아들들아." 아버지가 말했다. "너희들이 이렇게 뭉치면 화포보다 더할 것이지만, 하지만 만약 너희들이 싸우고 서로 갈라서면, 너희들의 약점이 너희들을 공격하는 사람들에게 고마운 일이 될 것이다."

The Mouse, The Frog, And The Hawk

A Mouse and a Frog struck up a friendship; they were not well mated, for the Mouse lived entirely on land, while the Frog was equally at home on land or in the water. In order that they might never be separated, the Frog tied himself and the Mouse together by the leg with a piece of thread. As long as they kept on dry land all went fairly well; but, coming to the edge of a pool, the Frog jumped in, taking the Mouse with him, and began swimming about and croaking with pleasure. The unhappy Mouse, however, was soon drowned, and floated about on the surface in the wake of the Frog. There he was spied by a Hawk, who pounced down on him and seized him in his talons. The Frog was unable to loose the knot which bound him to the Mouse, and thus was carried off along with him and eaten by the Hawk.

쥐, 개구리 그리고 독수리

쥐와 개구리가 친구가 되기로 했다. 그들은 잘 맞지 않았는데, 쥐는 온전히 땅에서만 살았고 반면에 개구리는 땅이나 물에서 똑같이 집처럼 살 수 있었다. 그들은 절대 헤어지지 않기 위해서, 개구리는 스스로를 한 가닥의 실로 쥐의 다리와 함께 묶었다. 그들이 마른 땅에서 살고 있을 때는, 꽤 잘 살았다. 하지만 연못의 가장자리에 이르자, 개구리가 물로 뛰어들었고, 쥐 역시 그와 연못으로 빠졌다. 그리고 개구리는 기뻐서 수영을 하며 개굴개굴 울었다. 하지만 불행한 쥐는 곧 익사했고, 개구리가 지난간 자리를 따라 물 위에 떠다니게 되었다. 독수리가 쥐를 몰래 감시하였다가 그에게로 내려가 그의 발톱으로 쥐를 낚아챘다. 개구리는 쥐에게 묶여 있는 끈을 끊을 수 없었고, 쥐와 함께 딸려가 독수리에게 잡아먹혔다.

★ **strike up** (v)

begin a friendship or conversation with someone, typically in a casual way.

시작하다, 체결하다

★ **a piece of thread**

실 한 가닥

★ **croak** (v)

(of a frog or crow) make a characteristic deep hoarse sound.

개골개골하다

★ **in the wake of**

~에 뒤이어

★ **pounce** (v)

(of an animal or bird of prey) spring or swoop suddenly so as to

catch prey.

덮치다

★ **wake** (n)

a trail of disturbed water or air left by the passage of a ship or

aircraft.

지나간 자리, 흔적

★ **talon** (n)

a claw, especially one belonging to a bird of prey.

발톱

There he was spied by a Hawk, who pounced down on him and seized him in his talons. The Frog was unable to loose the knot which bound him to the Mouse, and thus was carried off along with him and eaten by the Hawk.

독수리가 쥐를 몰래 감시했다가 그에게로 내려가 그의 발톱으로 쥐를 낚아챘다. 개구리는 쥐에게 묶여 있는 끈을 끊을 수 없었고, 쥐와 함께 딸려가 독수리에게 잡아먹혔다.

The Boy And The Filberts

A Boy put his hand into a jar of Filberts, and grasped as many as his fist could possibly hold. But when he tried to pull it out again, he found he couldn't do so, for the neck of the jar was too small to allow of the passage of so large a handful. Unwilling to lose his nuts but unable to withdraw his hand, he burst into tears. A bystander, who saw where the trouble lay, said to him, "Come, my boy, don't be so greedy: be content with half the amount, and you'll be able to get your hand out without difficulty."
Do not attempt too much at once.

해석

소년과 개암나무 열매

한 소년이 개암나무 열매가 들은 병 하나를 그의 손에 쥐고 다른 손으로는 주먹으

로 움켜쥘 수 있을 만큼 열매를 많이 손에 넣었다. 하지만 그가 다시 주먹을 빼내려고 시도했을 때, 그는 병의 목 부분이 너무 좁아서 열매로 꽉 찬 손이 통과할 수 없다는 것을 깨달았다. 그는 열매들을 잃고 싶지 않았지만, 그의 손을 빼낼 수도 없게 되자, 그는 갑자기 울음을 터트렸다. 옆에 서서 이 문제가 일어나는 광경을 보던 한 사람이 그에게 말했다. "오, 얘야. 욕심을 그렇게 많이 내면 안 된다. 그 양의 반으로 만족해라. 그러면 어려움 없이 너의 손을 뺄 수 있을 것이다."

한 번에 너무 많이 가지려고 하지 마라.

단어 및 숙어

★ **jar** (n)

a wide-mouthed cylindrical container made of glass or pottery, especially one used for storing food.

(잼, 꿀을 담아두는) 병

★ **filbert** (n)

a cultivated hazel tree that bears edible oval nuts.

(헤이즐럿 같은 열매) 개암나무, 개암나무 열매

★ **grasp** (v)

seize and hold firmly.

꽉 잡다, 움켜쥐다

"Come, my boy, don't be so greedy: be content with half the amount, and you'll be able to get your hand out without difficulty."

"오, 얘야. 욕심을 그렇게 많이 내면 안 된다. 그 양의 반으로 만족해라. 그러면 어려움 없이 너의 손을 뺄 수 있을 것이다."

The Vain Jackdaw

Jupiter announced that he intended to appoint a king over the birds, and named a day on which they were to appear before his throne, when he would select the most beautiful of them all to be their ruler. Wishing to look their best on the occasion they repaired to the banks of a stream, where they busied themselves in washing and preening their feathers. The Jackdaw was there along with the rest, and realised that, with his ugly plumage, he would have no chance of being chosen as he was: so he waited till they were all gone, and then picked up the most gaudy of the feathers they had dropped, and fastened them about his own body, with the result that he looked gayer than any of them. When the appointed day came, the birds assembled before Jupiter's throne; and, after passing them in review, he was about to make the Jackdaw king, when all the rest set upon the king-elect, stripped him of his borrowed plumes, and exposed him for the Jackdaw that he was.

허영심 많은 갈까마귀

주피터는 새들 중에 왕을 지명할 예정이라고 선포했고, 그들의 왕관을 놓고 그들이 나타나는 날, 그들 중 가장 아름다운 새를 그가 그들의 통치자로 뽑아 임명할 것이라고 말했다. 그날 그들의 가장 좋은 모습을 보여주기를 소망하며 새들은 강둑에서 씻고 깃털을 단장하느라 바빴다. 한 마리 갈까마귀가 쉬며 그들 곁에 앉아 있었고, 그의 못난 깃털들을 가지고서는 그가 뽑힐 가능성이 전혀 없다는 것을 알았다. 그래서 그는 모든 새가 가버릴 때까지 기다렸고, 그러고 나서 그들이 떨어뜨린 깃털 중에서 가장 화려한 것들을 골라냈다. 그리고 자신의 몸에 꽂았다. 그 결과 그는 그들 중 누구보다도 가장 밝고 화려하게 보였다. 약속된 날이 되었을 때, 새들은 주피터의 왕관 앞에 모여들었다. 그리고 주피터가 그들을 한 명씩 심사한 후에 갈까마귀를 왕으로 만들자, 그때 모든 나머지 새들이 왕으로 뽑힌 갈까마귀 주변으로 몰려와 그가 가져간 자신들의 깃털들을 뽑아냈고, 그는 다시 원래의 갈까마귀로 되돌아오고 말았다.

* **preen** (v)

  (of a bird) straighten and clean its feathers with its beak.

  깃털을 가지런히 정돈하다.

* **jackdaw** (n)

  a small, gray-headed crow that typically nests in tall buildings
  and chimneys, noted for its inquisitiveness.

  갈까마귀

* **plumage** (n)

  a bird's feathers collectively.

  깃털

* **gaudy** (a)

  extravagantly bright or showy, typically so as to be tasteless.

  화려한

* **gayer** (a)

  brightly colored; showy; brilliant.

  화려한

* **appoint** (v)

  assign a job or role to (someone).

임명하다

★ **set upon** (v)

attack (someone) violently.

기습하다

핵심 문장

When the appointed day came, the birds assembled before Jupiter's throne; and, after passing them in review, he was about to make the Jackdaw king, when all the rest set upon the king-elect, stripped him of his borrowed plumes, and exposed him for the Jackdaw that he was.

약속된 날이 되었을 때, 새들은 주피터의 왕관 앞에 모여들었다; 그리고 주피터가 그들을 한 명씩 심사한 후에 갈까마귀를 왕으로 만들자, 그때 모든 나머지 새들이 왕으로 뽑힌 갈까마귀 주변으로 몰려와 그가 가져간 자신들의 깃털들을 뽑아냈고, 그는 다시 원래의 갈까마귀로 되돌아오고 말았다.

The Dog And The Shadow

A Dog was crossing a plank bridge over a stream with a piece of meat in his mouth, when he happened to see his own reflection in the water. He thought it was another dog with a piece of meat twice as big; so he let go his own, and flew at the other dog to get the larger piece. But, of course, all that happened was that he got neither; for one was only a shadow, and the other was carried away by the current.

해석

개와 그림자

한 마리의 개가 입에 고기 한 덩어리를 물고 강물이 흐르는 널빤지 나무다리를 건너고 있었는데, 그때 그는 물속에 비친 자신의 모습을 보게 되었다. 그는 그것을 자신의 것(고기)보다 두 배나 큰 고깃덩어리를 가진 다른 개라고 생각했다. 그래서 그는 자신의 고기를 던져버리고는 더 큰 덩어리를 가진 다른 개를 향해 뛰어들었다.

하지만, 물론, 일어난 모든 상황은 그가 아무것도 가지지 못하는 것으로 만들어버렸다. 한 마리는 그저 그림자에 불과했고, 고깃덩어리는 조류에 사라져버리고 말았다.

단어 및 숙어

★ **plank** (n)

a long, thin, flat piece of timber, used especially in building and flooring.

널빤지

핵심 문장

But, of course, all that happened was that he got neither; for one was only a shadow, and the other was carried away by the current.

하지만, 물론, 일어난 모든 상황은 그가 아무것도 가지지 못하는 것으로 만들어버렸다. 한 마리는 그저 그림자에 불과했고, 고깃덩어리는 조류에 사라져버리고 말았다.

Hercules And The Waggoner

A Waggoner was driving his team along a muddy lane with a full load behind them, when the wheels of his waggon sank so deep in the mire that no efforts of his horses could move them. As he stood there, looking helplessly on, and calling loudly at intervals upon Hercules for assistance, the god himself appeared, and said to him, "Put your shoulder to the wheel, man, and goad on your horses, and then you may call on Hercules to assist you. If you won't lift a finger to help yourself, you can't expect Hercules or any one else to come to your aid."

Heaven helps those who help themselves.

헤라클레스와 수레 끄는 사람

수레를 끄는 한 사람이 말들의 뒤에 짐을 가득 싣고 진흙 길을 따라 그의 말들을 이끌고 있었는데, 그때 그의 수레바퀴가 진흙에 깊게 빠져 그의 말들이 아무리 애써도 움직일 수가 없었다. 그곳에 그가 서서, 무기력하게 바라보면서, 헤라클레스에게 도움을 요청하며 크게 울부짖는 사이에, 신이 그의 앞에 나타나 말했다. "너의 어깨를 바퀴에 대라, 인간아. 그리고 말들에게 자극을 주어 끌도록 해라. 그러고 나서 헤라클레스에게 도움을 요청하거라. 만약 네가 너 자신을 돕기 위해 손가락 하나도 까딱하지 않는다면, 헤라클레스가 아니라 그 다른 누구라도 너를 돕기 위해 올 거라고는 아예 기대도 할 수 없을 것이다."

하늘은 스스로 돕는 자를 돕는다.

* **waggoner** (n)

  the driver of a horse-drawn wagon.

  수레 끄는 사람

* **mire** (n)

a stretch of swampy or boggy ground.

진흙

★ **helplessly** (adv)

with no ability to act or help oneself.

어찌해볼 수도 없이, 의지할 데 없이

★ **goad on** (v)

provoke or annoy (someone) so as to stimulate some action or

reaction.

~을 자극하다

핵심 문장

"If you won't lift a finger to help yourself, you can't expect
Hercules or any one else to come to your aid."

"만약 네가 너 자신을 돕기 위해 손가락 하나도 까딱하지 않는다면, 헤라클레스가
아니라 그 다른 누구라도 너를 돕기 위해 올 거라고는 아예 기대도 할 수 없을 것이
다."

The Hare And The Tortoise

A Hare was one day making fun of a Tortoise for being so slow upon his feet. "Wait a bit," said the Tortoise; "I'll run a race with you, and I'll wager that I win." "Oh, well," replied the Hare, who was much amused at the idea, "let's try and see"; and it was soon agreed that the fox should set a course for them, and be the judge. When the time came both started off together, but the Hare was soon so far ahead that he thought he might as well have a rest: so down he lay and fell fast asleep. Meanwhile the Tortoise kept plodding on, and in time reached the goal. At last the Hare woke up with a start, and dashed on at his fastest, but only to find that the Tortoise had already won the race.

Slow and steady wins the race.

토끼와 거북이

어느 날 토끼가 거북이의 발이 너무 느리다며 놀려대고 있었다. "잠깐 기다려봐." 거북이가 말했다. "내가 너랑 경주할 거고, 내가 이길 거라고 내기를 하지." "오, 흠." 그 제안에 무척이나 놀란 토끼가 대답했다. "그래 어디 해보자고." 그러고서 곧 여우가 그들을 위해 코스를 정하고 심판을 봐주기로 동의했다. 경주 시각이 다가와 양쪽 모두가 함께 출발했지만, 토끼는 이미 저 멀리 곧 앞서나갔고 그는 얼마쯤은 쉬어도 될 거라 생각했다. 그래서 그는 누워서 곧바로 잠이 들었다. 그 순간에 거북이는 묵묵히 천천히 터벅터벅 계속 걸었고, 제때 결승점에 도착했다. 마침내 토끼는 놀라 깨어났고 그가 달릴 수 있는 가장 빠른 속도로 질주했지만, 거북이가 이미 그 경주에서 이겼다는 것을 알게 되었다.

천천히 그리고 꾸준히 하면 경주에서 이길 수 있다.

★ **hare** (n)

a fast-running, long-eared mammal that resembles a large rabbit, having long hind.

legs and occurring typically in grassland or open woodland.

토끼

★ **tortoise** (n)

a turtle, typically a herbivorous one that lives on land.

거북이

★ **wager** (v)

more formal term for bet.

내기를 걸다, 틀림없이 ~일 것이다

★ **plod** (v)

slow-moving and unexciting.

터벅터벅 걷다

★ **wake up with a start**

놀라 깨어나다

핵심 문장

Meanwhile the Tortoise kept plodding on, and in time reached the goal. At last the Hare woke up with a start, and dashed on at his fastest, but only to find that the Tortoise

had already won the race.

그 순간에 거북이는 묵묵히 천천히 터벅터벅 계속 걸었고, 제때 결승점에 도착했다. 마침내 토끼는 놀라 깨어났고 그가 달릴 수 있는 가장 빠른 속도로 질주했지만, 거북이가 이미 그 경주에서 이겼다는 것을 알게 되었다.

The Lark And The Farmer

A Lark nested in a field of corn, and was rearing her brood under cover of the ripening grain. One day, before the young were fully fledged, the Farmer came to look at the crop, and, finding it yellowing fast, he said, "I must send round word to my neighbours to come and help me reap this field." One of the young Larks overheard him, and was very much frightened, and asked her mother whether they hadn't better move house at once. "There's no hurry," replied she; "a man who looks to his friends for help will take his time about a thing." In a few days the Farmer came by again, and saw that the grain was overripe and falling out of the ears upon the ground. "I must put it off no longer," he said; "This very day I'll hire the men and set them to work at once." The Lark heard him and said to her young, "Come, my children, we must be off: he talks no more of his friends now, but is going to take things in hand himself."

Self-help is the best help.

종달새와 농부

종달새 한 마리가 옥수수밭에 둥지를 틀었고 잘 익어가는 옥수수들로 덮여 있는 곳 아래에서 그녀의 부화된 새끼들을 키우고 있는 중이었다. 어느 날, 어린 새가 완전히 날갯짓을 하기 전에, 농부가 옥수수 수확을 보려고 왔고, 노랗고 빠르게 움직이는 것을 보고 말했다. "내가 이웃들에게 여기 와서 이 밭을 수확하도록 도와달라고 말을 퍼트려야겠네." 어린 새 중 한 마리가 그의 말을 듣고 매우 겁에 질려서 그의 엄마에게 그들이 더 나은 곳으로 집을 일단 옮겨야 하지 않겠느냐고 물었다. "급하게 서두를 필요가 없단다." 엄마가 답했다. "그의 친구들에게 도와달라고 한다고 하는 사람은 그 일을 하려면 시간이 좀 걸린다는 얘기야." 며칠이 지난 후 농부가 다시 왔고, 그의 곡식이 많이 익어 땅으로 곡식 알갱이가 떨어지고 있는 것을 보았다. "더 이상 미룰 수가 없겠다." 그가 말했다. "빨리 사람을 고용해서 그들에게 즉시 일을 시켜야겠다." 새는 그의 말을 듣고 그의 새끼들에게 말했다. "자 이리 온, 나의 새끼들아, 우리는 떠나야만 한단다. 그가 지금 더 이상 친구 얘기를 하지 않으니 곧 그 스스로 이 일을 할 모양이구나."

스스로 돕는 것이 가장 최고의 도움이다.

* **lark** (n)

  a small ground-dwelling songbird, typically with brown streaky plumage, a crest, and elongated hind claws, and with a song that is delivered in flight.

  종달새

* **brood** (n)

  a family of young animals, especially of a bird, produced at one hatching or birth.

  부화된 새끼들

* **ripen** (v)

  become or make ripe.

  익다

* **fledged** (a)

  (of a young bird) having wing feathers that are large enough for flight; able to fly.

  날 수 있게 된

"a man who looks to his friends for help will take his time about a thing."

"그의 친구들에게 도와달라고 한다고 하는 사람은 그 일을 하려면 시간이 좀 걸린다는 얘기야."

"Come, my children, we must be off: he talks no more of his friends now, but is going to take things in hand himself."

"자 이리 온, 나의 새끼들아, 우리는 떠나야만 한단다. 그가 지금 더 이상 친구 얘기를 하지 않으니 곧 그 스스로 이 일을 할 모양이구나."

The Wolf And The Crane

A Wolf once got a bone stuck in his throat. So he went to a Crane and begged her to put her long bill down his throat and pull it out. "I'll make it worth your while," he added. The Crane did as she was asked, and got the bone out quite easily. The Wolf thanked her warmly, and was just turning away, when she cried, "What about that fee of mine?" "Well, what about it?" snapped the Wolf, baring his teeth as he spoke; "you can go about boasting that you once put your head into a Wolf's mouth and didn't get it bitten off. What more do you want?"

해석

늑대와 두루미

한 마리의 늑대가 그의 목에 뼈 한 조각이 걸려버렸다. 그래서 그는 두루미에게로

가서 그녀의 긴 부리를 그의 목구멍 안으로 넣어 그것을 빼내 줄 것을 간청했다. "너의 시간을 들일 만한 가치가 있게 해줄게." 그가 덧붙였다. 두루미는 그녀가 요청받은 대로 해주었고, 쉽게 뼛조각을 빼내었다. 늑대는 그녀에게 진심으로 고마워하고는 곧바로 뒤로 돌아가려고 하였다. 그리고 그때 두루미가 울부짖으며 물었다. "내 대가는 뭐지?" "어, 뭐에 대한 거지?" 늑대가 갑자기 돌변해 그의 이빨을 드러내며 묻고는 말했다. "네가 늑대의 입속으로 네 머리를 집어넣었고 먹히지 않았다는 것을 뽐내며 다닐 수 있을 텐데. 뭘 더 원하나?"

단어 및 숙어

* **crane** (n)

  a large, tall machine used for moving heavy objects by suspending them from a projecting arm or beam.

  학, 두루미

* **snap** (v)

  break or cause to break suddenly and completely, typically with a sharp cracking sound.

  탁 부러뜨리다, 딱딱거리다, 물려고 하다, 사진을 찍다, 폭발하다

"you can go about boasting that you once put your head into a Wolf's mouth and didn't get it bitten off. What more do you want?"

"네가 늑대의 입속으로 네 머리를 집어넣었고 먹히지 않았다는 것을 뽐내며 다닐 수 있을 텐데. 뭘 더 원하나?"

The Town Mouse And The Country Mouse

A Town Mouse and a Country Mouse were acquaintances, and the Country Mouse one day invited his friend to come and see him at his home in the fields. The Town Mouse came, and they sat down to a dinner of barleycorns and roots, the latter of which had a distinctly earthy flavour. The fare was not much to the taste of the guest, and presently he broke out with "My poor dear friend, you live here no better than the ants. Now, you should just see how I fare! My larder is a regular horn of plenty. You must come and stay with me, and I promise you you shall live on the fat of the land." So when he returned to town he took the Country Mouse with him, and showed him into a larder containing flour and oatmeal and figs and honey and dates. The Country Mouse had never seen anything like it, and sat down to enjoy the luxuries his friend provided: but before they had well begun, the door of the larder opened and someone came in. The two Mice scampered off and hid themselves in a narrow and exceedingly uncomfortable hole. Presently, when all was quiet, they ventured out again; but someone else came in, and off they scuttled again. This was too much for the visitor. "Good-bye," said he, "I'm off. You live in the lap of luxury, I can see, but you are surrounded by dangers; whereas at home I can enjoy my simple dinner of roots and corn in peace."

도시 쥐와 시골 쥐

도시 쥐와 시골 쥐가 서로 알고 지냈는데, 어느 날 시골 쥐가 그의 친구를 들판에 있는 자기네 집에서 보자고 초대했다. 도시 쥐가 왔고, 그들은 보리알과 나무뿌리의 저녁 식사 자리에 앉게 되었는데, 나무뿌리는 너무나도 심한 흙 맛이 났다. 식사는 손님(도시 쥐)의 입맛에 맞지 않았고, 그는 곧바로 그 자리를 피하며 다음과 같이 말했다. "오 나의 불쌍한 친구여, 너는 여기서 개미보다도 못하게 사는구나. 자, 너는 내가 어떻게 먹고사는지 와서 좀 봐야겠어! 나의 저장고는 풍요로운 보통의 뿔 모양이지. 너는 와서 나랑 같이 지내야만 해. 그리고 내가 약속하건대 너는 그

땅에서 살찌면서 풍족하게 살게 될 거야." 그래서 그가 도시로 돌아갈 때, 그는 시골 쥐를 그와 함께 데리고 갔고, 그에게 그의 저장고에 있는 밀가루, 귀리, 무화과, 꿀과 대추를 자랑했다. 시골 쥐는 그런 것들을 이전엔 절대로 본 적이 없었고, 그의 친구가 제공하는 사치스러운 음식들을 앉아서 즐겼다. 하지만 그들이 막 먹기 시작하였을 때, 저장고의 문이 열렸고 누군가가 그 안으로 들어왔다. 두 마리의 쥐는 너무 놀라 달아났고 좁고 무척이나 불편한 구멍에 숨었다. 머지않아, 사방이 고요해졌을 때, 그들은 밖으로 다시 나왔다. 하지만 누군가 다른 사람이 들어왔고 그들은 다시 화들짝 놀라 달아났다. 이 상황은 방문객에게는 너무 힘든 일이었다. "잘 있게." 시골 쥐가 말했다. "나는 가네. 자네가 사치스러운 곳에서 살고 있다는 것을 내가 알 수 있었지만, 위험이 늘 네 근처에 도사리고 있어. 반면에 내 집에서 나는 나무뿌리와 옥수수의 간단한 식사를 평화롭게 즐길 수 있다네."

단어 및 숙어

---

* **acquaintance** (n)

  a person one knows slightly, but who is not a close friend.

  아는 사람, 지인, 친분

* **barleycorns** (n)

  a grain of barley.

보리알

★ **fare** (n)

a range of food of a particular type.

(끼니로 제공되는) 식사

★ **larder** (n)

a room or large cupboard for storing food.

식품 저장고

★ **fig** (n)

a soft pear-shaped fruit with sweet dark flesh and many small
seeds, eaten fresh or dried.

무화과

★ **date** (n)

a sweet, dark brown, oval fruit containing a hard stone, often
eaten dried.

대추

★ **scamper** (v)

(especially of a small animal or child) run with quick light steps,
especially through fear or excitement.

날쌔게 움직이다

★ **scuttle** (v)

run hurriedly or furtively with short quick steps.

종종걸음치다

"I'm off. You live in the lap of luxury, I can see, but you are surrounded by dangers; whereas at home I can enjoy my simple dinner of roots and corn in peace."

"나는 가네. 자네가 사치스러운 곳에서 살고 있다는 것을 내가 알 수 있었지만, 위험이 늘 네 근처에 도사리고 있어. 반면에 내 집에서 나는 나무뿌리와 옥수수의 간단한 식사를 평화롭게 즐길 수 있다네."

The Grasshopper And The Ants

One fine day in winter some Ants were busy drying their store of corn, which had got rather damp during a long spell of rain. Presently up came a Grasshopper and begged them to spare her a few grains, "For," she said, "I'm simply starving." The Ants stopped work for a moment, though this was against their principles. "May we ask," said they, "what you were doing with yourself all last summer? Why didn't you collect a store of food for the winter?" "The fact is," replied the Grasshopper, "I was so busy singing that I hadn't the time." "If you spent the summer singing," replied the Ants, "you can't do better than spend the winter dancing." And they chuckled and went on with their work.

개미와 베짱이

날씨 좋은 겨울 어느 날 개미들은 오래 쏟아진 비에 다소 축축해진 그들의 저장고의 옥수수들을 말리느라 바빴다. 갑자기 베짱이가 다가와 그들에게 남는 곡식을 좀 남겨 달라고 간청했다. "왜냐하면" 그녀가 말했다, "제가 지금 배가 고프거든요." 개미들은 그들의 원칙에 어긋남에도 불구하고 잠시 일을 멈추었다. "우리가 물어도 된다면" 그들이 말했다. "지난여름 내내 당신은 스스로 무엇을 했는지 우리가 여쭤봐도 될까요? 왜 겨울을 위해서 음식물을 저장하지 않았나요?" "사실은" 베짱이가 말했다. "제가 노래를 부르느라 시간이 없었어요." "만약 당신이 여름에 노래를 부르는 데 시간을 허비했다면" 개미가 답했다. "겨울에는 춤을 추면서 시간을 보내는 것보다 더 좋은 건 없을 거예요." 그리고 그들은 비웃고는 그들의 일을 하러 갔다.

* **grasshopper** (n)

  a plant-eating insect with long hind legs that are used for jumping and for producing a chirping sound. It frequents grassy places and low vegetation.

메뚜기

⭐ **damp** (a)

slightly wet.

축축한

⭐ **spell** (n)

a short period.

한동안

⭐ **chuckle** (v)

laugh quietly or inwardly.

킬킬 비웃다

핵심 문장

"If you spent the summer singing," replied the Ants, "you can't do better than spend the winter dancing."

"만약 당신이 여름에 노래를 부르는 데 시간을 허비했다면" 개미가 답했다. "겨울에는 춤을 추면서 시간을 보내는 것보다 더 좋은 건 없을 거예요."

The Travellers And The Plane-Tree

Two Travellers were walking along a bare and dusty road in the heat of a summer's day. Coming presently to a Plane-tree, they joyfully turned aside to shelter from the burning rays of the sun in the deep shade of its spreading branches. As they rested, looking up into the tree, one of them remarked to his companion, "What a useless tree the Plane is! It bears no fruit and is of no service to man at all." The Plane-tree interrupted him with indignation. "You ungrateful creature!" it cried: "you come and take shelter under me from the scorching sun, and then, in the very act of enjoying the cool shade of my foliage, you abuse me and call me good for nothing!"

Many a service is met with ingratitude.

여행자들과 플라타너스

두 명의 여행객이 여름날의 더위 속에서 뜨겁고 먼지 가득한 길을 걷는 중이었다. 그때 마침 플라타너스가 보였고, 그들은 기뻐하며 뜨겁게 내리쬐는 여름의 태양광선을 피하기 위해 넓게 퍼져 있는 나뭇가지들의 깊은 그늘 속으로 들어갔다. 그들이 쉬는 동안에, 그 나무의 위를 쳐다보면서, 그들 중 한 사람이 그의 친구를 주목시켰다. "참 쓸모없는 플라타너스라니! 이건 열매도 맺지 못하고 사람에게 아무것도 제공하지 못하잖아." 플라타너스가 화가 나서 그의 말에 끼어들었다. "이 무례한 생명체야!" 그가 외쳤다. "너는 뜨거운 태양을 피해 와서 내 밑에서 쉬고 있잖아. 그리고, 나의 나뭇잎의 시원한 그늘을 즐기고 있으면서, 넌 나를 모욕하고 아무 쓸모가 없다고 말하고 있다니!"

많은 도움이 배은망덕에 맞닥뜨리기도 한다.

★ **plane-tree** (n)

a tall spreading tree of the northern hemisphere, with maplelike leaves and bark that peels in irregular patches.

버즘나무, 플라타너스

★ **turn aside**

벗어나다, 비켜나다, 방향을 바꾸다

★ **indignation** (n)

anger or annoyance provoked by what is perceived as unfair

treatment.

분개함

★ **scorching** (a)

very hot.

맹렬한, 모든 것을 태워버릴 듯이 더운

★ **foliage** (n)

plant leaves, collectively.

나뭇잎

★ **ingratitude** (n)

a discreditable lack of gratitude.

은혜를 모름

"you come and take shelter under me from the scorching sun, and then, in the very act of enjoying the cool shade of my foliage, you abuse me and call me good for nothing!"

"너는 뜨거운 태양을 피해 와서 내 밑에서 쉬고 있잖아. 그리고, 나의 나뭇잎의 시원한 그늘을 즐기고 있으면서, 넌 나를 모욕하고 아무 쓸모가 없다고 말하고 있다니!"

The Miller, His Son, And Their Ass

A Miller, accompanied by his young Son, was driving his Ass to market in hopes of finding a purchaser for him. On the road they met a troop of girls, laughing and talking, who exclaimed, "Did you ever see such a pair of fools? To be trudging along the dusty road when they might be riding!" The Miller thought there was sense in what they said; so he made his Son mount the Ass, and himself walked at the side. Presently they met some of his old cronies, who greeted them and said, "You'll spoil that Son of yours, letting him ride while you toil along on foot! Make him walk, young lazybones! It'll do him all the good in the world." The Miller followed their advice, and took his Son's place on the back of the Ass while the boy trudged along behind. They had not gone far when they overtook a party of women and children, and the Miller heard them say, "What a selfish old man! He himself rides in comfort, but lets his poor little boy follow as best he can on his own legs!" So he made his Son get up behind him. Further along the road they met some travellers, who asked the Miller whether the Ass he was riding was his own property, or a beast hired for the occasion. He replied that it was his own, and that he was taking it to market to sell. "Good heavens!" said they, "with a load like that the poor beast will be so exhausted by the time he gets there that no one will look at him. Why, you'd do better to carry him!" "Anything to please you," said the old man, "we can but try." So they got off, tied the Ass's legs together with a rope and slung him on a pole, and at last reached the town, carrying him between them. This was so absurd a sight that the people ran out in crowds to laugh at it, and chaffed the Father and Son unmercifully, some even calling them lunatics. They had then got to a bridge over the river, where the Ass, frightened by the noise and his unusual situation, kicked and struggled till he broke the ropes that bound him, and fell into the water and was drowned. Whereupon the unfortunate Miller, vexed and ashamed, made the best of his way home again, convinced that in trying to please all he had pleased none, and had lost his Ass into the bargain.

방앗간 주인, 아들 그리고 그들의 당나귀

한 방앗간 주인이 그의 어린 아들을 데리고 당나귀를 끌고 그를 위한 구매자를 찾기를 희망하며 시장으로 가고 있었다. 길을 가는 도중 그들은 웃고 떠드는 한 무리의 여자아이들과 만났는데 그들은 다음과 같이 소리쳤다. "저 바보 같은 두 사람을 전에 본 적이 있니? 그들이 당나귀를 타고 있으면 먼지 나는 길을 저렇게 힘들게 걷지 않아도 될 텐데!" 방앗간 주인은 그들이 말하는 것이 일리가 있다고 생각했다. 그래서 그는 자기 아들을 당나귀에 태웠고, 그 스스로는 옆에서 걸었다. 그때 막 그의 오래된 친구 중 몇몇을 만나게 되었는데 그들은 부자를 향해 인사를 해왔고 말했다. "자네는 발로 흙길을 따라 걷고 자식을 당나귀에 태우다니, 자네 자식을 망치고 있군! 아들을 내려서 걷게 하게나, 이 젊은 게으름뱅이 같으니라구! 그게 그에게 해줄 수 있는 가장 좋은 일이야!" 방앗간 주인은 그들의 충고를 따랐고, 그의 아들이 뒤에서 따라오며 터덜터덜 걷는 동안 그의 아들이 탔던 당나귀의 등에 탔다. 그들은 얼마 못 가 한 무리의 여인들과 아이들을 만나게 되었고, 그들이 하는 소리를 들었다. "어머나 저렇게 이기적인 늙은 영감탱이 같으니! 자기는 편하자고 당나귀 등에 타고, 그의 불쌍한 작은 아들은 그의 다리를 지탱해서 최선을 다해 따라오게 만들다니!" 그래서 그는 자기 뒤에 아들을 태웠다. 그 길을 따라 한참을 갔을 때, 그들은 여행객들을 만났는데, 그들은 방앗간 주인에게 그가 타고 있는 당나귀가 그의 재산인지 아니면 이런 용도를 위해 고용된 짐승인지를 물었다. 그는 당나귀가 그의 것이며 팔기 위해 시장으로 데리고 가는 중이라고 했다. "하늘이시여!" 그들이 말했다. "이런 길을 따라 저렇게 불쌍한 짐승이 가다 보면 결국에는 지치게 될 테고 시장에 도착할 때쯤엔 아무도 당나귀를 보려고 하지 않을 거예요. 왜, 당신들은 그를 짊어지고 가는 편이 낫겠어요!" "당신을 기쁘게 하는 것이라면" 늙은 사람이 말했다. "우리가 한 번 시도해볼 수는 있겠네요." 그래서 그들은 당나귀에서 내려서 당나귀의 발을 밧줄로 함께 묶고 긴 막대기에 그를 매달았다. 그러고는 마침내 그들은 그들 사이에 당나귀를 운반하며 마을에 도착했다. 이 광경은 무척이나 우스꽝스러워서 마을 사람들이 몰려나와 그 광경을 보며 웃어댔고, 아버지와 아들을 엄청나게 놀려댔고, 일부는 미치광이라고까지 했다. 그들이 강을 건너려고 다리에 도착했는데, 거기서 당나귀가 소음과 익숙하지 않은 상황에 놀라 그가 묶여 있는 밧줄이 풀릴 때까지 발을 차고 몸부림을 쳐댔고, 결국 물속으로 빠져 익사했다. 그 결과 불행한 방앗간 주인은 화가 나고 부끄러워 최선을 다해 집으로 돌아가며 그가 아무도 만족시킬 수 없는 모든 것들을 만족시키려고 노력하다 보니 결국에는 더불어 당나귀마저도 잃게 되었다고 자책했다.

* **miller** (n)

  a person who owns or works in a grain mill.

  방앗간 주인

* **trudge** (v)

  walk slowly and with heavy steps, typically because of exhaustion or harsh conditions.

  터덜터덜 걷다

* **crony** (n)

  a close friend or companion.

  친구

* **toil** (v)

  work extremely hard or incessantly.

  느릿느릿 움직이다

* **overtake** (v)

  catch up with and pass while traveling in the same direction.

  추월하다, 앞지르다

* **sling** (v)

  suspend or arrange (something), especially with a strap or straps, so that it hangs loosely in a particular position.

매다

⭐ **absurd** (a)

wildly unreasonable, illogical, or inappropriate.

우스꽝스러운

⭐ **chaff** (v)

tease.

놀리다

⭐ **unmercifully** (ad)

showing no mercy.

무자비하게

⭐ **unatics** (n)

a mentally ill person (not in technical use).

정신병자

⭐ **whereupon**

immediately after which.

그 결과

⭐ **vexed** (a)

annoyed, frustrated, or worried.

화가 난

★ **in the bargain**

in addition to what was expected; moreover.

또한, 더불어

핵심 문장

Whereupon the unfortunate Miller, vexed and ashamed, made the best of his way home again, convinced that in trying to please all he had pleased none, and had lost his Ass into the bargain.

그 결과 불행한 방앗간 주인은 화가 나고 부끄러워 최선을 다해 집으로 돌아가며 그가 아무도 만족시킬 수 없는 모든 것들을 만족시키려고 노력하다 보니 결국에는 더불어 당나귀마저도 잃게 되었다고 자책했다.

The Ass And The Mule

A certain man who had an Ass and a Mule loaded them both up one day and set out upon a journey. So long as the road was fairly level, the Ass got on very well: but by and by they came to a place among the hills where the road was very rough and steep, and the Ass was at his last gasp. So he begged the Mule to relieve him of a part of his load: but the Mule refused. At last, from sheer weariness, the Ass stumbled and fell down a steep place and was killed. The driver was in despair, but he did the best he could: he added the Ass's load to the Mule's, and he also flayed the Ass and put his skin on the top of the double load. The Mule could only just manage the extra weight, and, as he staggered painfully along, he said to himself, "I have only got what I deserved: if I had been willing to help the Ass at first, I should not now be carrying his load and his skin into the bargain."

당나귀와 노새

어느 한 남자가 어느 날 나귀와 노새 모두에게 짐을 싣고 여행길을 떠나고 있었다. 그 길이 꽤 평평하게 이어질 때까지, 그 나귀는 꽤 잘 운반을 했다. 하지만 그들이 길이 험난하고 가파른 언덕을 따라 계속해서 올라가면서 나귀는 마침내 숨을 헐떡거렸다. 그래서 그는 노새에게 그의 짐의 일부를 대신 짊어져 달라고 간곡히 부탁했다. 하지만 그 노새는 거절했다. 마침내, 완전히 지쳐버린 나귀는 몸의 중심을 잃고 가파른 곳으로 떨어져 죽고 말았다. 이 운반자는 절망했지만, 그는 그가 할 수 있는 최선을 다했다. 그는 나귀가 운반하던 짐을 노새에게 싣고는, 나귀의 가죽을 벗겼고 그의 가죽을 두 배의 짐이 있는 곳 위에 얹었다. 노새는 추가의 무게를 감당해야만 했고, 그가 고통스럽게 비틀거리며, 그 자신에게 말하였다, "내가 자초한 일을 당하는구나. 만약 처음에 나귀를 기꺼이 도와줬더라면, 나는 지금 그의 짐과 그의 가죽을 덤으로 운반하지 않았을 텐데."

단어 및 숙어

★ **mule** (n)

the offspring of a donkey and a horse (strictly, a male donkey and a female horse), typically sterile and used as a beast of burden.

노새

* **by and by**

곧

* **sheer** (a)

nothing other than; unmitigated (used for emphasis).

극심한

* **weariness** (n)

extreme tiredness; fatigue.

피로

* **stumble** (v)

trip or momentarily lose one's balance; almost fall.

발을 헛디디다

* **in despair**

절망하여

* **flay** (v)

peel the skin off (a corpse or carcass).

껍질을 벗기다

* **stagger** (v)

walk or move unsteadily, as if about to fall.

비틀거리며 걷다

"I have only got what I deserved: if I had been willing to help the Ass at first, I should not now be carrying his load and his skin into the bargain."

"내가 자초한 일을 당하는구나. 만약 처음에 나귀를 기꺼이 도와줬더라면, 나는 지금 그의 짐과 그의 가죽을 덤으로 운반하지 않았을 텐데."

Day 20

The Ass And His Purchaser

A Man who wanted to buy an Ass went to market, and, coming across a likely-looking beast, arranged with the owner that he should be allowed to take him home on trial to see what he was like. When he reached home, he put him into his stable along with the other asses. The newcomer took a look round, and immediately went and chose a place next to the laziest and greediest beast in the stable. When the master saw this he put a halter on him at once, and led him off and handed him over to his owner again. The latter was a good deal surprised to see him back so soon, and said, "Why, do you mean to say you have tested him already?" "I don't want to put him through any more tests," replied the other: "I could see what sort of beast he is from the companion he chose for himself."

A man is known by the company he keeps.

당나귀와 구매자

당나귀를 사고자 하는 한 남자가 시장으로 갔고, 딱 맞게 생긴 짐승을 우연히 발견하고는, 그 주인에게 그가 당나귀를 집으로 데리고 가서 시험 삼아 그가 어떻게 행동하는지 보게 해달라고 합의했다. 그가 집에 도착했을 때, 그는 그를 다른 당나귀들과 더불어 그의 마구간에 넣었다. 새로운 당나귀가 주변을 한 번 돌아봤고, 그 즉시 그 마구간에서 가장 게으르고 욕심 많은 짐승 옆으로 달려가 자리를 잡았다. 주인이 이 광경을 보고 그 즉시 그에게 고삐를 채웠고, 밖으로 데리고 나가 그의 주인에게 다시 넘겨주었다. 주인은 좋은 거래인데도 곧바로 금방 다시 돌아온 그를 보고 놀라 말했다. "당신은 그를 이미 시험해봤다는 것이 무슨 의미인지요?" "나는 그를 더 시험하지 않아도 됩니다." 다른 남자가 말했다. "나는 그 스스로 선택하는 친구로부터 그 짐승의 속성을 어느 정도는 알 수 있답니다."

사람은 그가 가까이하는 친구들로부터 알 수 있다.

★ **arrange with**

organize or make plans for (a future event).

결말짓다, 합의하다, 해결하다

★ **stable** (n)

a building set apart and adapted for keeping horses.

마구간

★ **halter** (n)

a rope or strap with a noose or headstall placed around the head

of a horse or other animal, used for leading or tethering it.

고삐

"I could see what sort of beast he is from the companion he

chose for himself."

"나는 그 스스로 선택하는 친구로부터 그 짐승의 속성을 어느 정도는 알 수 있답니

다."

The Father And His Daughters

A Man had two Daughters, one of whom he gave in marriage to a gardener, and the other to a potter. After a time he thought he would go and see how they were getting on; and first he went to the gardener's wife. He asked her how she was, and how things were going with herself and her husband. She replied that on the whole they were doing very well: "But," she continued, "I do wish we could have some good heavy rain: the garden wants it badly." Then he went on to the potter's wife and made the same inquiries of her. She replied that she and her husband had nothing to complain of: "But," she went on, "I do wish we could have some nice dry weather, to dry the pottery." Her Father looked at her with a humorous expression on his face. "You want dry weather," he said, "and your sister wants rain. I was going to ask in my prayers that your wishes should be granted; but now it strikes me I had better not refer to the subject."

아버지와 두 딸

한 남자에게는 두 명의 딸이 있었는데, 그들 중 한 명은 정원사에게 시집을 보냈고, 다른 한 명은 도자기 굽는 사람에게 시집을 보냈다. 그 후에 그는 그들이 어떻게 살고 있는지 가서 보기로 했다. 그리고 그는 먼저 정원사의 아내가 된 딸에게 갔다. 그가 어떻게 지내는지를 묻고 그녀와 그녀의 남편이 잘 지내는지를 물었다. 그녀가 대답하기를 모든 것이 다 좋다고 했다. "하지만" 하고 그녀가 계속했다. "적당한 폭우가 쏟아지길 희망해요. 정원이 그걸 간절히 원하거든요." 그러고 나서 그는 도자기공의 아내인 딸에게 갔고 같은 질문을 그녀에게 했다. 그녀는 그녀와 남편이 아무 불만 없이 잘 지낸다고 답했다. "하지만" 그녀가 계속했다. "저는 도자기들을 말리기 위해서 좀 더 좋은 화창한 날씨가 오면 좋겠어요." 그녀의 아버지는 그의 얼굴에 우스꽝스러운 표정을 가득 짓고는 그녀를 바라봤다. "너는 화창한 날씨를 원하는구나." 그가 말했다. "그리고 너의 자매는 비가 오길 원하고. 나는 내 신에게 너의 소원을 들어달라고 요청하려고 했어, 하지만 지금 그 어떤 것도 언급하지 않는 편이 더 낫다는 걸 깨달았단다."

"You want dry weather," he said, "and your sister wants rain. I was going to ask in my prayers that your wishes should be granted; but now it strikes me I had better not refer to the subject."

"너는 화창한 날씨를 원하는구나." 그가 말했다. "그리고 너의 자매는 비가 오길 원하고. 나는 내 신에게 너의 소원을 들어달라고 요청하려고 했어, 하지만 지금 그 어떤 것도 언급하지 않는 편이 더 낫다는 걸 깨달았단다."

Day 22

The Ass Carrying The Image

A certain man put an Image on the back of his Ass to take it to one of the temples of the town. As they went along the road all the people they met uncovered and bowed their heads out of reverence for the Image; but the Ass thought they were doing it out of respect for himself, and began to give himself airs accordingly. At last he became so conceited that he imagined he could do as he liked, and, by way of protest against the load he was carrying, he came to a full stop and flatly declined to proceed any further. His driver, finding him so obstinate, hit him hard and long with his stick, saying the while, "Oh, you dunder-headed idiot, do you suppose it's come to this, that men pay worship to an Ass?"

Rude shocks await those who take to themselves the credit that is due to others.

그림을 운반하는 당나귀

어느 남자가 마을의 사찰 중 한 곳으로 그림을 가져가기 위해 당나귀의 등에 그림을 실었다. 그들이 길을 따라 걸을 때, 그들이 만나는 사람들 모두가 모자를 벗고 고개를 숙여 그 그림에 대해 숭배를 표했다. 하지만 당나귀는 그들이 당나귀 자신에 대한 존경심을 표하는 것으로 생각했고, 따라서 하늘을 날아갈 듯 우쭐거렸다. 마침내 그는 자만심에 가득 차서 그가 좋아하는 대로 할 수 있을 것이라 상상하면서, 그가 운반하고 있는 길에 서서 저항하는 의미로, 완전히 멈춰 서서 단호하게 더 앞으로 나아가는 것을 거부하였다. 그를 끌고 가던 남자가 그렇게 강하게 고집을 피우며 거부하는 것을 보고, 당나귀를 단단하고 긴 그의 막대기로 세게 때리며 말했다. "오, 이 어리석은 바보 같으니, 사람들이 당나귀한테 경의를 표하는 줄 착각했더냐?"

다른 사람들 때문에 생긴 이득을 그들 스스로가 취한 사람들에게는 예기치 못한 충격이 기다리고 있다.

⭐ **reverence** (n)

숭배

deep respect for someone or something.

⭐ **give oneself airs**

뽐내다, 오만한 태도를 취하다

⭐ **conceit** (n)

excessively proud of oneself; vain.

자만

⭐ **by way of**

~를 거쳐

⭐ **flatly** (adv)

단호히

in a firm and unequivocal manner; absolutely.

⭐ **obstinate** (a)

stubbornly refusing to change one's opinion or chosen course of action, despite attempts to persuade one to do so.

고집 센

⭐ **dunder-headed** (a)

a stupid or slow-witted person;

머리 나쁜, 바보, 멍청이

His driver, finding him so obstinate, hit him hard and long with his stick, saying the while, "Oh, you dunder-headed idiot, do you suppose it's come to this, that men pay worship to an Ass?"

그를 끌고 가던 남자가 그렇게 강하게 고집을 피우며 거부하는 것을 보고, 당나귀를 단단하고 긴 그의 막대기로 세게 때리며 말했다. "오, 이 어리석은 바보 같으니, 사람들이 당나귀한테 경의를 표하는 줄 착각했더냐?"

The Bat, The Bramble, And The Seagull

A Bat, a Bramble, and a Seagull went into partnership and determined to go on a trading voyage together. The Bat borrowed a sum of money for his venture; the Bramble laid in a stock of clothes of various kinds; and the Seagull took a quantity of lead: and so they set out. By and by a great storm came on, and their boat with all the cargo went to the bottom, but the three travellers managed to reach land. Ever since then the Seagull flies to and fro over the sea, and every now and then dives below the surface, looking for the lead he's lost; while the Bat is so afraid of meeting his creditors that he hides away by day and only comes out at night to feed; and the Bramble catches hold of the clothes of every one who passes by, hoping some day to recognise and recover the lost garments.

All men are more concerned to recover what they lose than to acquire what they lack.

박쥐, 가시나무 그리고 갈매기

박쥐 한 마리와 가시나무 그리고 갈매기가 동맹을 맺고 함께 무역 길에 오르기로 결심하였다. 박쥐는 그의 사업을 위해 많은 돈을 빌렸다. 가시나무는 다양한 종류의 옷을 쌓아놓았다. 그리고 갈매기는 많은 양의 납을 가지고 갔다. 그리하여 그들은 항해를 시작했다. 계속해서 큰 폭풍이 왔고, 그들의 보트에 있는 모든 뱃짐은 가라앉았지만, 세 명의 여행자는 가까스로 육지에 닿을 수 있었다. 그러고 나서 갈매기는 바다 위로 날거나 표면으로 잠수해서 그가 잃어버린 납을 찾으려고 했다. 반면에 박쥐는 그에게 돈을 빌려준 사람들을 만날 것이 두려워 매일같이 낮에 숨어 다니며 밤에만 나와 먹이를 먹었다. 그리고 가시나무는 지나가는 모두의 옷을 잡아당기며, 언젠가 잃어버린 옷들을 다시 찾기를 희망하고 있었다.

모든 사람은 자신에게 부족한 것을 얻는 것보다 자신이 잃어버린 것을 회복하는 것에 더 많은 관심을 기울인다.

★ **bramble** (n)

a prickly scrambling vine or shrub, especially a blackberry or other wild shrub of the rose family.

가시나무, 검은딸기나무(블랙베리나무)

★ **seagull** (n)

a popular name for a gull.

갈매기

★ **lead** (n)

a heavy, bluish-gray, soft, ductile metal, the chemical element of atomic number 82. It has been used in roofing, plumbing, ammunition, storage batteries, radiation shields, etc., and its compounds have been used in crystal glass, as an antiknock agent in gasoline, and (formerly) in paints.

납

★ **cargo** (n)

goods carried on a ship, aircraft, or motor vehicle.

화물

★ **garment** (n)

an item of clothing.

의류, 옷

Ever since then the Seagull flies to and fro over the sea, and every now and then dives below the surface, looking for the lead he's lost; while the Bat is so afraid of meeting his creditors that he hides away by day and only comes out at night to feed; and the Bramble catches hold of the clothes of every one who passes by, hoping some day to recognise and recover the lost garments.

그러고 나서 갈매기는 바다 위로 날거나 표면으로 잠수해서 그가 잃어버린 납을 찾으려고 했다. 반면에 박쥐는 그에게 돈을 빌려준 사람들을 만날 것이 두려워 매일같이 낮에 숨어 다니며 밤에만 나와 먹이를 먹었다. 그리고 가시나무는 지나가는 모두의 옷을 잡아당기며, 언젠가 잃어버린 옷들을 다시 찾기를 희망하고 있었다.

The Eagle And The Beetle

An Eagle was chasing a hare, which was running for dear life and was at her wits' end to know where to turn for help. Presently she espied a Beetle, and begged it to aid her. So when the Eagle came up the Beetle warned her not to touch the hare, which was under its protection. But the Eagle never noticed the Beetle because it was so small, seized the hare and ate her up. The Beetle never forgot this, and used to keep an eye on the Eagle's nest, and whenever the Eagle laid an egg it climbed up and rolled it out of the nest and broke it. At last the Eagle got so worried over the loss of her eggs that she went up to Jupiter, who is the special protector of Eagles, and begged him to give her a safe place to nest in: so he let her lay her eggs in his lap. But the Beetle noticed this and made a ball of dirt the size of an Eagle's egg, and flew up and deposited it in Jupiter's lap. When Jupiter saw the dirt, he stood up to shake it out of his robe, and, forgetting about the eggs, he shook them out too, and they were broken just as before. Ever since then, they say, Eagles never lay their eggs at the season when Beetles are about.

The weak will sometimes find ways to avenge an insult, even upon the strong.

독수리와 딱정벌레

독수리 한 마리가 토끼를 쫓는 중이었는데, 그 토끼는 살기 위해 열심히 뛰며 도움을 요청할 수 있는 장소로 알려진 곳까지 그녀의 지혜를 발휘했다. 그는 때마침 딱정벌레 한 마리를 보았고, 그녀에게 도와달라고 사정했다. 그래서 독수리가 왔을 때 딱정벌레는 그녀를 향해 토끼가 자신의 보호 아래 있으니 그녀를 건드리지 말라고 경고했다. 하지만 독수리는 딱정벌레가 너무 작아서 딱정벌레를 알아차리지 못하고 토끼를 잡아먹었다. 딱정벌레는 이 일을 절대로 잊을 수가 없었고, 독수리의 둥지를 계속해서 예의 주시했다. 그리고 독수리가 알을 낳을 때마다 거기로 올라가 둥지 밖으로 알을 굴려 깨뜨려버렸다. 마침내 독수리는 그녀의 알들을 또 잃을까봐 너무 걱정이 되어 주피터에게로 갔고, 주피터는 독수리의 특별한 보호자였다. 그녀에게 알을 품을 수 있는 안전한 장소를 달라고 그에게 간청하였다: 그래서 그는 그녀에게 그의 무릎 위에 알을 놓으라고 허락하였다. 하지만 딱정벌레는 이것을 보았고 독수리 알만 한 크기의 흙뭉치를 만들었다. 그리고 위로 날아올라 주피터의 무릎 안으로 던졌다. 주피터가 흙뭉치를 보았을 때, 그는 벌떡 일어나 그의 옷을 탈탈 털어냈고, 독수리 알에 대해서는 까맣게 잊은 채, 그는 그것들마저도 밖으로 털어냈다. 그래서 그들은 전처럼 깨져버렸다. 이때부터 독수리들은 딱정벌레들이 활동하는 계절에 그들의 알을 절대 낳지 않는다고 하는 이야기가 전해져 내려오고 있다.

아무리 약한 존재라 해도 더 힘센 존재를 상대로 때때로 모욕감에 대해 복수할 방법을 찾을 것이다.

단어 및 숙어

---

* **espy** (v)

  catch sight of.

  (갑자기) 보게 되다

* **avenge** (v)

  inflict harm in return for (an injury or wrong done to oneself or another).

  복수하다

★ **insult** (n)

a disrespectful or scornfully abusive remark or action.

모욕

Ever since then, they say, Eagles never lay their eggs at the season when Beetles are about.

이때부터 독수리들은 딱정벌레들이 활동하는 계절에 그들의 알을 절대 낳지 않는다고 하는 이야기가 전해져 내려오고 있다.

The Rose And The Amaranth

A Rose and an Amaranth blossomed side by side in a garden, and the Amaranth said to her neighbour, "How I envy you your beauty and your sweet scent! No wonder you are such a universal favourite." But the Rose replied with a shade of sadness in her voice, "Ah, my dear friend, I bloom but for a time: my petals soon wither and fall, and then I die. But your flowers never fade, even if they are cut; for they are everlasting."

해석

장미와 아마란스

장미와 아마란스가 정원을 둘러 나란히 꽃을 피웠고, 아마란스가 그녀의 이웃에게 말했다. "나는 너의 아름다움과 달콤한 향이 너무 부러워! 너는 이 지구상에서 가장 멋지다는 건 의심할 여지가 없어." 하지만 장미는 그녀의 목소리에 슬픔의 그늘

을 드리운 채로 대답했다. "오, 나의 진실한 친구여, 나는 꽃을 활짝 피웠지만, 시간이 지나면 나의 꽃잎은 곧 시들어 떨어지고, 그러고 나서 나는 죽어버려. 하지만 너의 꽃들은 비록 그들이 꺾어진다고 해도 결코 바래지 않잖아. 그것들은 영원하기 때문이야."

단어 및 숙어

★ **amaranth** (n)

an imaginary flower that never fades.

아마란스, 영원히 시들지 않는 꽃

★ **wither** (v)

(of a plant) become dry and shriveled.

시들다, 말라죽다

★ **fade** (v)

gradually grow faint and disappear.

바래다, 사라지다

"Ah, my dear friend, I bloom but for a time: my petals soon wither and fall, and then I die. But your flowers never fade, even if they are cut; for they are everlasting."

"오, 나의 진실한 친구여, 나는 꽃을 활짝 피웠지만, 시간이 지나면 나의 꽃잎은 곧 시들어 떨어지고, 그러고 나서 나는 죽어버려. 하지만 너의 꽃들은 비록 그들이 꺾어진다고 해도 결코 바래지 않잖아. 그것들은 영원하기 때문이야."

The Lion, The Fox, And The Ass

A Lion, a Fox, and an Ass went out hunting together. They had soon taken a large booty, which the Lion requested the Ass to divide between them. The Ass divided it all into three equal parts, and modestly begged the others to take their choice; at which the Lion, bursting with fury, sprang upon the Ass and tore him to pieces. Then, glaring at the Fox, he bade him make a fresh division. The Fox gathered almost the whole in one great heap for the Lion's share, leaving only the smallest possible morsel for himself. "My dear friend," said the Lion, "how did you get the knack of it so well?" The Fox replied, "Me? Oh, I took a lesson from the Ass."

Happy is he who learns from the misfortunes of others.

사자, 여우 그리고 당나귀

사자와 여우 그리고 당나귀는 함께 사냥을 나갔다. 그들은 곧 커다란 전리품을 얻을 수 있었는데, 사자는 당나귀에게 그들에게 나눠 달라고 요청했다. 당나귀는 그것을 모두 3개로 똑같이 나눴고, 나머지 다른 이들이 선택하여 가져가라고 겸손하게 간청했다. 그때 사자가 갑자기 화가 나, 당나귀에게 달려들어 그를 갈기갈기 찢어 죽였다. 그러고 나서, 사자는 여우를 보고, 새롭게 전리품을 나누라고 제안했다. 여우는 사자를 위한 몫으로 거의 모든 거대한 양을 쌓아 모았고, 그 자신을 위해서는 가능한 한 가장 작은 양의 음식만을 남겨두었다. "나의 친애하는 친구여" 하고 사자가 말하였다. "어떻게 너는 그것을 그렇게 잘할 수 있는 좋은 요령을 배웠지?" 여우가 대답했다. "나? 아, 나는 당나귀에게서 교훈을 얻었어."

행복은 그가 다른 사람들의 불운으로부터 배운 것이다.

* **booty** (n)

  valuable stolen goods, especially those seized in war.

  전리품

★ **fury** (n)

wild or violent anger.

분노, 격분

★ **glare at**

노려보다

★ **bid** (v)

utter (a greeting or farewell) to.

말하다

★ **heap** (n)

an untidy collection of things piled up haphazardly.

더미

★ **morsel** (n)

a small piece or amount of food; a mouthful.

음식물의 한 입

★ **knack** (n)

an acquired or natural skill at performing a task.

재주, 요령

The Fox gathered almost the whole in one great heap for the Lion's share, leaving only the smallest possible morsel for himself. "My dear friend" said the Lion, "how did you get the knack of it so well?" The Fox replied, "Me? Oh, I took a lesson from the Ass."

여우는 사자를 위한 몫으로 거의 모든 거대한 양을 쌓아 모았고, 그 자신을 위해서는 가능한 한 가장 작은 양의 음식만을 남겨두었다. "나의 친애하는 친구여" 하고 사자가 말하였다. "어떻게 너는 그것을 그렇게 잘할 수 있는 좋은 요령을 배웠지?" 여우가 대답했다. "나? 아, 나는 당나귀에게서 교훈을 얻었어."

The Fox Who Served A Lion

A Lion had a Fox to attend on him, and whenever they went hunting the Fox found the prey and the Lion fell upon it and killed it, and then they divided it between them in certain proportions. But the Lion always got a very large share, and the Fox a very small one, which didn't please the latter at all; so he determined to set up on his own account. He began by trying to steal a lamb from a flock of sheep: but the shepherd saw him and set his dogs on him. The hunter was now the hunted, and was very soon caught and despatched by the dogs.

Better servitude with safety than freedom with danger.

사자를 시중든 여우

사자에게 항상 같이 다니는 여우가 있었는데, 그들이 사냥할 때마다 여우는 먹이를 발견했고 사자가 그것에 달려들어 죽였고, 그들은 그것을 일정한 비율로 나누어 가졌다. 하지만 사자는 늘 많은 몫을 가졌고, 여우는 매우 작은 몫을 가졌는데, 이것은 여우에게 전혀 만족을 주지 않았다; 그래서 그는 자립하기로 했다. 그는 양 떼로부터 양 한 마리를 훔치려고 했다. 하지만 양치기가 그를 보았고 그의 개들을 여우에게 풀어놓았다. 사냥꾼은 이제 사냥감이 되었고, 곧 잡혀 개들에게 보내졌다.

위험한 자유보다 안전한 노예 상태가 낫다.

* **on one's account**

  자신의, 본인이 원해서

* **despatch** (v)

  send off to a destination or for a purpose.

  보내다

* **servitude** (n)

the state of being a slave or completely subject to someone more powerful.

노예 상태

He began by trying to steal a lamb from a flock of sheep: but the shepherd saw him and set his dogs on him. The hunter was now the hunted, and was very soon caught and despatched by the dogs.

그는 양 떼로부터 양 한 마리를 훔치려고 했다. 하지만 양치기가 그를 보았고 그의 개들을 여우에게 풀어놓았다. 사냥꾼은 이제 사냥감이 되었고, 곧 잡혀 개들에게 보내졌다.

Day 28

The Miser

A Miser sold everything he had, and melted down his hoard of gold into a single lump, which he buried secretly in a field. Every day he went to look at it, and would sometimes spend long hours gloating over his treasure. One of his men noticed his frequent visits to the spot, and one day watched him and discovered his secret. Waiting his opportunity, he went one night and dug up the gold and stole it. Next day the Miser visited the place as usual, and, finding his treasure gone, fell to tearing his hair and groaning over his loss. In this condition he was seen by one of his neighbours, who asked him what his trouble was. The Miser told him of his misfortune; but the other replied, "Don't take it so much to heart, my friend; put a brick into the hole, and take a look at it every day: you won't be any worse off than before, for even when you had your gold it was of no earthly use to you."

구두쇠

한 구두쇠가 그가 가진 모든 것을 팔아서, 비축해두었다가 금 한 덩어리로 녹였는데, 그러고서 그는 비밀스럽게 들판 한곳에 묻었다. 그는 매일 그것을 보러 갔고 때때로 오랜 시간 그의 보물을 보며 흡족해했다. 그의 종들 중 한 명이 이 지점을 그가 자주 방문하는 것을 알아차렸고, 어느 날 그를 보고는 그의 비밀을 알아냈다. 그는 기회를 기다렸고, 어느 날 밤에 가서 금을 캐서는 훔쳐 달아났다. 다음날 구두쇠가 보통 때처럼 그 장소를 방문하였고, 그의 보물이 사라진 것을 발견하고는 머리카락을 적시며 울고 그의 손실에 대해 깊이 시름하였다. 이러한 상황에서, 그의 이웃 중 한 명이 그를 보고는 그의 문제가 무엇인지를 물었다. 구두쇠는 그의 불운에 대해 그에게 말했다. 하지만 물은 사람이 답하였다. "너무 깊이 상심하지 말아요, 친구여. 벽돌을 구멍에 넣고, 매일 그것을 보세요. 당신에게는 전혀 쓸모가 없었던 금을 가졌을 때보다 심지어 당신은 더 나빠지지는 않을 겁니다."

단어 및 숙어

★ **miser** (n)

a person who hoards wealth and spends as little money as

possible.

구두쇠, 수전노

★ **hoard** (n)

a stock or store of money or valued objects, typically one that is
secret or carefully guarded.

비축물

★ **lump** (n)

a compact mass of a substance, especially one without a definite
or regular shape.

한 덩어리

★ **gloat** (v)

contemplate or dwell on one's own success or another's
misfortune with smugness or malignant pleasure.

흡족해하다

★ **earthly** (a)

used for emphasis.

세속적인, 조금도

"Don't take it so much to heart, my friend; put a brick into the hole, and take a look at it every day: you won't be any worse off than before, for even when you had your gold it was of no earthly use to you."

"너무 깊이 상심하지 말아요, 친구여. 벽돌을 구멍에 넣고, 매일 그것을 보세요. 당신에게는 전혀 쓸모가 없었던 금을 가졌을 때보다 심지어 당신은 더 나빠지지는 않을 겁니다."

The Serpent And The Eagle

An Eagle swooped down upon a Serpent and seized it in his talons with the intention of carrying it off and devouring it. But the Serpent was too quick for him and had its coils round him in a moment; and then there ensued a life-and-death struggle between the two. A countryman, who was a witness of the encounter, came to the assistance of the Eagle, and succeeded in freeing him from the Serpent and enabling him to escape. In revenge the Serpent spat some of his poison into the man's drinking-horn. Heated with his exertions, the man was about to slake his thirst with a draught from the horn, when the Eagle knocked it out of his hand, and spilled its contents upon the ground.

One good turn deserves another.

뱀과 독수리

독수리 한 마리가 뱀을 급습해 내려와 그의 발톱으로 옮겨 먹어치울 심산으로 꽉 붙잡았다. 하지만 뱀은 그에 비해 너무 빨라서 순식간에 그를 둥글게 말아 가뒀다. 그러고 나서 그들 두 마리는 생존을 건 싸움을 시작했다. 시골 사람이 우연히 이 광경을 목격하게 되었고, 독수리를 도와주려고 왔고 그를 뱀에서 자유롭게 해주고 도망칠 수 있게 해주었다. 뱀은 복수하고자 그 사람이 물을 마시는 호리병 안에 독을 몇 방울 뱉었다. 그의 분투로 열이 나서, 그 남자는 호리병으로부터 갈증을 해소하려고 막 물을 마시려던 참에, 독수리가 그의 손에서 그것을 뺏어내 엎어트리고 땅에 내용물을 쏟아버렸다.

한 가지 선의는 다른 선의를 받을 자격이 있다.

★ **serpent** (n)

  a large snake.

  (특히 큰) 뱀

★ **swoop down** (v)

move rapidly downward through the air.

위에서 덮치다

★ **coil** (n)

a length of something wound or arranged in a spiral or sequence
of rings.

고리

★ **exertions** (n)

physical or mental effort.

분투

★ **slake** (v)

quench or satisfy(one's thirst).

갈증을 해소하다

★ **draught** (n)

The action or an act of pulling something along, especially a
beast of burden, vehicle or tractor.

갈증, 한 모금

In revenge the Serpent spat some of his poison into the man's drinking-horn. Heated with his exertions, the man was about to slake his thirst with a draught from the horn, when the Eagle knocked it out of his hand, and spilled its contents upon the ground.

뱀은 복수하고자 그 사람이 물을 마시는 호리병 안에 독을 몇 방울 뱉었다. 그의 분투로 열이 나서, 그 남자는 호리병으로부터 갈증을 해소하려고 막 물을 마시려던 참에, 독수리가 그의 손에서 그것을 뺏어내 엎어트리고 땅에 내용물을 쏟아버렸다.

The Traveller And Fortune

A Traveller, exhausted with fatigue after a long journey, sank down at the very brink of a deep well and presently fell asleep. He was within an ace of falling in, when Dame Fortune appeared to him and touched him on the shoulder, cautioning him to move further away. "Wake up, good sir, I pray you," she said; "had you fallen into the well, the blame would have been thrown not on your own folly but on me, Fortune."

해석

여행자와 행운의 여신

한 명의 여행자가 오랜 여행 후에 피곤함으로 지쳤고, 매우 깊은 우물의 가장자리에 앉아 바로 깊은 잠에 빠졌다. 그가 막 떨어지려 할 때에 행운의 여신이 그에게 나타나 더 움직이는 것에 주의를 주려고 그의 어깨를 두드렸다. "일어나세요, 좋은 사람이여. 나는 당신을 위해 기도합니다." 그녀가 말했다. "이 우물 안으로 당신이 떨어지게 된다면, 비난은 당신의 어리석음이 아니라 나, 행운의 여신에게 있다고 할 거예요."

★ **sink down**

　지다, 맥없이 주저앉다

★ **brink** (v)

　an extreme edge of land before a steep or vertical slope.

　가장자리

★ **dame Fortune**

　행운의 여신

★ **folly** (n)

　lack of good sense; foolishness.

　어리석음, 판단력 부족, 어리석은 행동

"Wake up, good sir, I pray you," she said; "had you fallen into the well, the blame would have been thrown not on your own folly but on me, Fortune."

"일어나세요, 좋은 사람이여. 나는 당신을 위해 기도합니다." 그녀가 말했다. "이 우물 안으로 당신이 떨어지게 된다면, 비난은 당신의 어리석음이 아니라 나, 행운의 여신에게 있다고 할 거예요."

아이와 함께
똑똑하게
공부하기

◆ 토들러(만1세-3세)들을 위한 영어 동화책 100

Book Title	Author(s), Illustrator(s)
Amazing Animals	Liza Charlesworth, Brandon Reese
Bathtime for Biscuit	Alyssa Satin Capucilli and Pat Schories
Belly Button Book	Sandra Boynton
Biscuit (My First I can Read)	Alyssa Satin Capucilli and Pat Schories
Blue Hat, Green Hat	Sandra Boynton
Brown Bear, Brown Bear, What do you see?	Eric Carle
Carry and Learn Shapes by Scholastic and Sarah Ward	Scholastic and Sarah Ward
Chicka Chicka Boom Boom	Bill Martin Jr., John Archambault
Chugga Chugga Choo Choo	Emma Garcia
Clifford series	Norman Bridwell
Curious George and the Puppies	H.A. Rey
Curious George Feeds the Animals	H.A. Rey
Curious George's Dream	H.A. Rey
Curious George and Firefighters	H.A. Rey
Curious George at the Aquarium	H.A. Rey
Curious George's Dinosaur Discovery	H.A. Rey
Dragons Love Tacos	Adam Rubin
Dear Zoo: A Life-the-Flap Book	Rod Campbell
Dinosailors	Deb Lund, Howard Fine
Don't Let the Pigeon Drive the Bus!	Mo Willems

Five Little Dinosaurs are ready to explore	Make Believe Ideas
Five Little Pumpkins: A Fingers and Toes Nursery Rhyme Book	Natalie Marshall
From Head to Toe	Eric Carle
Fruits in Suits	Jared Chapman
Giraffes Can't Dance	Giles Andreae
Go Away, Big Green Monster	Ed Emberley
Good Day, Good Night	Margaret Wise Brown
Good night, Gorilla	Peggy Rathmann
Goodnight Biscuit	Alyssa Satin Capucilli and Pat Schories
Goodnight Moon	Margaret Wise Brown
Goodnight, Goodnight, Construction Site by Sherri Duskey Rinker	Duskey Rinker
Good Night, I Love You	Caroline Jayne Church
Guess How Much I Love You by Sam McBratney	Sam McBratney
Have you seen my Trumpet? By Michael Escoffier and Kris Di Giacomo	Di Giacomo
Honey	David Ezra Stein
Hooray for Hoppy by Tim Hopgood	Tim Hopgood
How do dinosaurs say good night? By Jane Yolen and Mark Teague	Mark Teague
I Love You Because You're You	Liza Baker, David McPhail

I Love You Through and Through by Bernadette Rossetti - Shustak	Rossetti - Shustak
If Animals Kissed Good Night	Ann Whitford Paul
Little Blue Truck	Alice Schertle
Little Excavator	Anna Dewdney
Little Mouse's Sweet Treat	Shana Hollowell
Little Penguin	Kimberley Faria
Llama Llama and the bully goat	Anne Dewdney
Llama Llama Red Pajama	Anna Dewdney
Llama Llama time to share	Anne Dewdney
Love Monster	Rachel Bright
Love You Forever	Robert Munsch, Sheila McGraw
Mama Saurus	Stephan Lomp
Mister Seahorse	Eric Carle
Moo, Baa, La La La!	Sandra Boynton
My World	Margaret Wise Brown
Nelly Gnu and Daddy Too	Anna Dewdney
No No Yes Yes	Leslie Patricelli
Panda Bear, Panda Bear, What do you see?	Eric Carle
Papa Saurus	Stephan Lomp
Pat the Bunny	Dorothy Kunhardt, Golden Books
Peek-a-Who?	Nina Laden
Peppa's First Color	Scholastic and Eone
Pete the Cat: Five Little Ducks	James Dean

Pete the Car and His Four Groovy Buttons	Eric Litwin
Pete the Cat: I Love My White Shoes	Eric Litwin
Pete the Cat: I'm Rocking in My School Shoes	Eric Litwin
Pinocchio	Eugene Bradley Coco
Please, Mr. Panda	Steve Antony
Polar Bear, Polar Bear, What do you hear?	Eric Carle
Potty	Leslie Patricelli
Princess! Fairy! Ballerina!	Bethanie Murguia
Raindrop, Plop	Wendy Cheyette Lewison
Richard Scarry's Cars and Trucks ad Things That Go	Richard Scarry
"Slowly, Slowly, Slowly," said the Sloth	Eric Carle
Ten Tiny Trains	Scholastic published
Thank you, Mr. Panda	Steve Antony
The Cat in the Hat	Dr. Seuss
The Giving Tree	Shel Silverstein
The Going to Bed Book	Sandra Boynton
The Grouchy Ladybug	Eric Carle
The Hug	Eoin McLaughlin, Polly Dunbar
The Little Dump Truck	Margery Cuyler
The Little House	Lee Burton

The Little Mouse, the Red Ripe Strawberry, and the Big Hungry Bear	Big Hungry Bear - by Don Wood
The Littlest Owl	Caroline Pitcher, Tina Macnaughton
The Mixed-Up Chameleon	Eric Carle
The Monster at the End of this Book	Jon Stone, Michael J. Smollin
The Poky Little Puppy	Janette Sebring Lowrey, Gustaf Tenggren
The Pout-Pout Fish	Deborah Diesen, Dan Hanna
The Runaway Bunny	Margret Wise Brown
The Very Busy Spider	Eric Carle
The Very Hungry Caterpillar	Eric Carle
The Very Lonely Firefly	Eric Carle
The Very Quite Cricket	Eric Carle
The Wonderful Things You will Be	Winfield Martin
Thomas and Friends: Full Steam Ahead!	Miggie Fischer, Nigel Chilver
Tickle Monster	Edouard Manceau
Twinkle Twinkle I Love You	Steve Metzger
We're Going on a Bear Hunt	Michael Rosen
When Sophie Gets Angry -- Really, Really Angry	Bang
Where is Baby's Belly Button	Karen Katz
Where the Wild Things Are	MauriceSendak

*소셜 리딩 플랫폼 굿리즈 참고
www.goodreads.com

◆ 명언 및 속담 사이트

- 해커스 영어- 오늘의 한 줄 명언
  https://www.hackers.co.kr/?c=s_
  eng/eng_contents/B_others_wisesay

- 해커스 영어- 오늘의 영어 속담
  https://www.hackers.co.kr/?c=s_
  eng/eng_contents/proverb

◆ 영어 동요 유튜브 채널

- **Pinkfong! Kids' Songs & Stories**
  https://www.youtube.com/user/
  SmartBooksMedia/featured

- **Super Simple Songs- Kids Songs**
  https://www.youtube.com/user/
  SuperSimpleSongs

- **Cocomelon- Nursery Rhymes**
  https://www.youtube.com/user/
  checkgate

◆ 추억의 올드 팝송 추천

Beatles- <Yesterday>

Judy Garland- <Over the Rainbow>

John Denver- <Take me home, country roads>

Wham- <Last Christmas>

Andy Williams- <Moon River>

Roberta Flack- <Killing Me Softly With His Song>

John Lennon- <Imagine>

Elvis Presley- <Love Me Tender>

Gene Kelly- <Singing In The Rain>

◆ 영어 공부 유튜브 채널

• 올리버쌤
https://www.youtube.com/channel/
UCicKQUi8h4NI81wDmrDBD4A

• SOPHIE BAN
https://www.youtube.com/channel/
UCam5BTX9qo6Lf9itKcfhXEQ

• Michael Elliott
https://www.youtube.com/user/
EnglishInKorean

• 진저 Jinger English
https://www.youtube.com/channel/
UCyAQOTYHZAFAxrmK_GvbLIg

• 영알남Yan
https://www.youtube.com/channel/
UCHplHu4LzmNuD8bsE6mZLSA

◆ 영영사전 사이트

• 콜린스 영영사전
https://www.collinsdictionary.
com/dictionary/english

• 옥스퍼드 영영사전
https://www.
oxfordlearnersdictionaries.com/

◇ 출처 및 참고문헌

최효찬 지음, 《세계 명문가의 독서 교육》, 바다출판사, 2010

트레이시 커크로 지음, 정세영 옮김, 《최강의 육아》, 앵글북스, 2018

브라이언 트레이시 지음, 서사봉 옮김, 《백만 불짜리 습관》, 용오름, 2005

에브 퀴리 지음, 조경희 옮김, 《마담 퀴리》, 이룸, 2006

박혜란 지음, 《다시 아이를 키운다면》, 나무를심는사람들, 2019

고니시 도시유키 지음, 이혜령 옮김, 《메모의 기적》, 21세기북스, 2016

황농문 지음, 《몰입영어》, 위즈덤하우스, 2018

이케다 요시히로 지음, 윤경희 옮김, 《뇌에 맡기는 공부법》, 쌤앤파커스, 2018

토니 부잔·배리 부잔 지음, 권봉중 옮김, 《토니 부잔의 마인드맵 북》, 비즈니스맵, 2010

조지 베일런트 지음, 이시형 감수, 《행복의 조건》, 프런티어, 2010

나폴레온 힐 지음, 권혁철 옮김, 《놓치고 싶지 않은 나의 꿈 나의 인생》, 국일미디어, 1990

토니 로빈스 지음, 조진형 옮김, 《네 안에 잠든 거인을 깨워라》, 씨앗을뿌리는사람, 2008

김영화, '아빠가 아이를 돌봐야 하는 세 가지 이유', <정신의학신문>, 2018.11.23

Michell Obama, 《Becoming》, Crown, 2018

Deb Lund(author), Howard Fine(illustrator),《Dinosailors》, HMH Books for young Readers, 2008

Mitch Albom, 《Tuesdays with Morrie》, Broadway Books, 2002

Lois Lowry, 《Number the stars》, HMH Books for young Readers, 2011

Spencer Johnson, 《Who moved my cheese?》, Vermilion, 2006

나를 잃기 싫어서
영어 공부를
시작했다

초판 1쇄 인쇄 2019년 8월 16일 **초판 1쇄 발행** 2019년 8월 23일

지은이 이정민, 이윤경
펴낸이 연준혁

출판1본부 이사 배민수
출판2분사 분사장 박경순
책임편집 김하나리
디자인 하은혜

펴낸곳 (주)위즈덤하우스 미디어그룹 **출판등록** 2000년 5월 23일 제13-1071호
주소 경기도 고양시 일산동구 정발산로 43-20 센트럴프라자 6층
전화 031)936-4000 **팩스** 031)903-3893 **홈페이지** www.wisdomhouse.co.kr

값 14,500원
ISBN 979-11-90182-46-1 03320